これから始める人が必ず知りたい
70の疑問と答え

川端美帆
［アフィリ笹木］

アフィリエイトで稼ぐ 1年目の教科書

東洋経済新報社

はじめに

私はいま、**時間に縛られることのない自由な生活**を送っています。好きなときに起床し、やりたいときに仕事をし、行きたいところがあればいつでも行くことができます。

このような生活ができるようになったのは、**アフィリエイトに出会ったおかげ**です。

アフィリエイトを始める前は、ごく普通の会社員でした。副業として始めたアフィリエイトで徐々に報酬が増え、本業の収入を上回るようになりました。そして勤めていた会社を辞め、自分の会社を設立しました。

私の会社は株式会社ですが、**業務のほとんどは自分ひとりで行っており、フリーランスに近いスタイル**で仕事をしています。

アフィリエイトを始めた当初から、日々の作業内容や気づいたことをブログ**「初心者がアフィリエイトで稼ぐ方法 0円から月間8桁報酬へ」**に書いており、徐々に質問が寄せられるようになりました。

また、起業してからはアフィリエイトを知らない人と話す機会も増え、**多くの人が同じような疑問をもっていることに気がつきました**。その質問のほとんどは「(アフィリエイトは)稼げますか?」「(アフィリエイトは)簡単ですか?」といった内容です。

私にとってアフィリエイトは普通の仕事と同じです。

正しい方法なら稼げるし、工夫をすれば作業の効率が上がります。不労所得でもなく、ラクして稼げる錬金術でもありません。

しかし、**自分の好きな時間に仕事ができて、ほかの事業と比べて圧倒的に少ない投資で稼ぐことができるのは、非常に大きなメリットです**。

本書は、

- 「アフィリエイト」という言葉は聞いたことはあるが、実際どんなものかわからない
- 興味があるのでやってみたいと思うが、始め方やノウハウがわからない
- インターネットの情報だけでは不安。実際に稼いでいる人の声を聞きたい

という人に向けて、**初心者が必ず知りたいであろう質問をQ&A形式で解説**したものです。

私は、**パソコンの詳しい知識があるわけではありません**。アフィリエイトを始めた当初も、ブログを書くことができる程度でした。

そんな私でもできたので、**きっとあなたにもできるはず**です。

本書をきっかけに**仕事と趣味、仕事と育児などを両立し、自由で幸せな人生を送る人が増える**ことになれば、とてもうれしく思います。

なお、アフィリエイトにはさまざまな種類がありますが、本書ではとくに記載がない限り、ホームページやブログを使って商品やサービスを紹介する「サイトアフィリエイト」について書いていています。

『アフィリエイトで稼ぐ1年目の教科書』――【目次】

【第4章】稼げる広告選びとは?

【第Ⅲ部】◆◆◆◆◆応用編

【第7章】SEO対策で稼げるサイトを目指す！ 160

※本書はアフィリエイトに関する情報提供を目的として作成したものです。本文中の記述は、各種信頼できると思われる情報源をもとに作成しておりますが、その正確性が保証されているものではありません。
本書の内容を参考にしたことにより、いかなる損害が生じても、著者および東洋経済新報社は一切の責任を負いません。

A f f i l i a t e

【第Ⅰ部】準備編

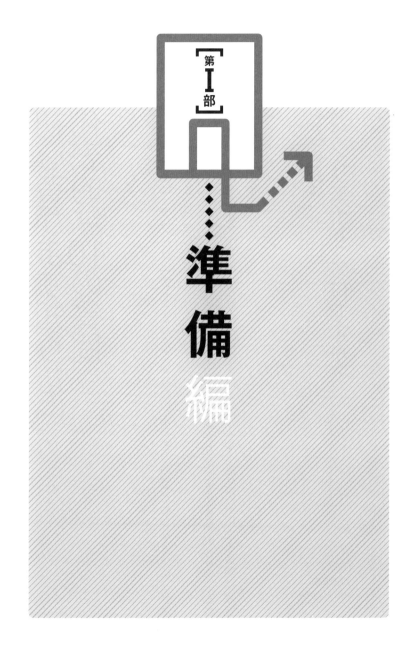

【第1章】

初心者がまず知りたい、代表的な10の質問

この章では、アフィリエイトをまったく知らない人でも、概要がわかるように、代表的な質問をまとめました。

「アフィリエイトとは何なのか？」「パソコンの知識がなくてもできるのか？」「どれくらい稼げるのか？」など、これから始めようとする人が、最初に気になる質問にお答えしています。

Question 01

そもそも、アフィリエイトって何ですか？

あなたはホームページやブログを見たことがありますか？

［質問頻度］
★★★★★

ほとんどの人が見たことがあると思います。

ホームページやブログは、私たちの生活にごく身近なものになりました。小学校の授業にも、タブレット端末やパソコンを使った学習が取り入れられています。

では、インターネットで商品を買ったことはあるでしょうか。いわゆるネット通販です。「楽天市場」「Ａｍａｚｏｎ」「Ｙａｈｏｏ！ショッピング」などはネット通販の最大手で、利用したことがある人も多いはずです。

ものを売ったり、サービスを提供したりするには「宣伝」が必要です。

これはネット通販に限ったことではありません。企業がものやサービスを提供するときには、つねに「宣伝すること」が必要になります。

どんなによい商品やサービスでも、人に知られなければ価値がありませんし、そもそも売れないでしょう。

アフィリエイトは、企業の宣伝活動のお手伝いをするかわりに報酬を受け取ることができるしくみです。このしくみを**「アフィリエイトプログラム」**といいます。

アフィリエイトプログラムを導入して宣伝している企業は、いまやネット通販業だけではありません。多種多様な小売業、サービス業に拡大しています。

たとえば、あなたにはお気に入りのブログやホームページがあるでしょうか？

その運営者が「こんな商品を使ってみたけど、とてもよかったですよ」と紹介している記事を読んで、思わず買ってしまったこともあるかもしれません。

そんな商品を紹介する記事の中に、**「詳しくはコチラ」**や**「通販はコチラ」**など、商品を購入できるページへのリンクがあったと思います。これがアフィリエイトの一例です（ただし、こうしたリンクのすべてがアフィリエイトということではありません）。

このようなページで、**訪問者がリンク先のページで購入や申し込みをすると、運営者に報酬が入るしくみがアフィリエイト**です。

先に紹介した「楽天市場」「Ａｍａｚｏｎ」「Ｙａｈｏｏ！ショッピング」もアフィリエイトプログラムを導入しています。**Ａｍａｚｏｎの商品へのリンクを張っているブログは、アフィリエイトプログラムを利用している可能性があります**（詳しくは135ページ、Q46参照）。

Question 02

アフィリエイトの魅力は何ですか？

［質問頻度］★★★★★

アフィリエイトの魅力はいろいろありますが、私が感じる最大の魅力は、２つあります。
それは**「好きな時間に好きな場所でできる」**ことと**「初期投資が少なくて済む」**ことです。

❶好きな時間に好きな場所でできる

アフィリエイトは、インターネット上に自分のお店をもつようなイメージです。そのお店はあなたが出勤していなくても、24時間365日開いています。

自宅で作業する場合、職場への移動がありません。その分、朝早くから夜中まで、**さらに時間の自由度は広がります**。

インターネット環境があればどこでもできますし、記事を書くだけならネット環境がなくても可能です。また、アフィリエイトする商品を探したり、キーワードを考えたり、**隙間時間にできることはたくさんあります**。

いまはクラウド（インターネット上にデータを保存できるサービス）が発達しているので、自宅のパソコンのデータと、もち出したノートパソコンのデータの同期も簡単です。クラウドを使えば、どのパソコンやスマートフォンからでもデータの閲覧・編集が可能なので、仕事をする場所を選びません。**海外に住んでいても、アフィリエイトは可能**です。

知り合いのアフィリエイターに、いろいろな場所に住みながら生活している人がいます。夏は涼しいところ、冬は暖かいところという具合です。私はずっと同じ場所に住んでいますので、少しうらやましく思います。

時間と場所に縛られないのが、アフィリエイトの最大の魅力です。

❷初期投資が少なくて済む

アフィリエイトの初期投資の安さは、ほかの業種を圧倒しています。

ビジネスを始めるのに、いったいどれくらいのお金がかかるでしょうか。会社だったら？　お店だったら？　それに比べて、アフィリエイトは個人でも気軽に始められる金額です。

たとえば、**ホームページを作成するのにかかる費用は、ドメイン代が年間1000〜3000円**程度。**レンタルサーバー代が月額数百円〜5000円**程度。

安い会社を選べば、とても安く済ませることができます。ホームページを作成するソフトを買ったとしても、数万円でしょう。

「投資できるお金がまったくない！」という場合でも、インターネット環境とパソコンさえあれば、あとはすべて無料でも可能です。成功してから投資しても、遅くはありません。そして、その投資額もほかの業種より少なくて済みます。

商品を仕入れて売ったり、店舗でサービスを提供したりするビジネスに比べて、**実店舗や在庫をもたないアフィリエイトは、圧倒的に少ない投資でできるビジネス**です。

Question 03

アフィリエイトは無料でもできるのですか？

［質問頻度］★★★★★

大きく稼げるかどうかは別にして、「無料でやることは可能」です。パソコンさえあれば、無料ブログなどを使って、お金をかけずにアフィリエイトすることはできます。

ただ、無料ブログは自動的に表示される広告が邪魔になったり、カスタマイズできなかったり、さまざまな制約があります。サービスが突然終わる可能性もあります。また、無料ブログの中には、アフィリエイトを禁止しているブログもあります。

つまり、**アフィリエイトは無料でできますが、無料でできることには限界がある**のです。

私が実践しているサイトアフィリエイトでは、こういったリスクを避けるためにも、レンタルサーバーを借りて、独自ドメインで運営しています。

借りているレンタルサーバーは月額1000円ちょっとで、ドメインは1つにつき年間1000円前後です。これだけのお金をかけても、十分にもとがとれます。

アフィリエイトを収入の柱のひとつとして考えるのであれば、ほんの少しでも投資していくほうが、圧倒的に可能性が広がります。

私は、**「早く大きく稼ぐためには、ある程度の投資は必要」**だと考えています。とくに「最短で大きく稼ぎたい！」と考えている人は、はじめからお金をかけてアフィリエイトに取り組むのもひとつの方法です。

Question 04

どのくらい稼げますか？

[質問頻度]
★★★★★

これはとても難しい質問ですが、いちばん気になることでもありますよね。

私の周囲を見てみると、**月に数万円程度の人もいれば、1000万円以上稼いで法人化しているアフィリエイターもいます**。

法人化している人も、もとは個人のアフィリエイターで、報酬が増えた結果、会社を設立したという人がほとんどです。私もそのひとりです。

報酬は、作業時間や扱う広告の種類、投資の有無や額によって差が出てきます。**「作業時間」**と**「扱う広告」**の2つの側面からお話ししましょう。

❶作業時間

サイトアフィリエイトは、作業してすぐに結果が出るものではありません。

まったくの初心者がスタートして最初に報酬が発生するまで、早くても数週間、遅ければ3カ月以上かかります。私も、始めてから1カ月目は0円でした。

この数週間〜3カ月というのは、1日最低1〜3時間作業した場合です。

本業や家事・育児に忙しい人は、時間を捻出するのが大変だと思いますが、**隙間時間をみつけて毎日少しずつでも作業することが、のちの成功につながります**。正しいやり方を続けていれば、数カ月で報酬0円から脱出できますし、月に5000円程度は稼げるようになります。

私の場合は1日平均5〜6時間作業して、3カ月間でトータル20万円ほどでした。

❷扱う広告

アフィリエイトできる広告は、さまざまなジャンルから選ぶことができます。報酬額は数十円から数万円（なかにはそれ以上）と非常に幅が広くなっています。

一般的に稼ぎやすいといわれている人気ジャンルは、エステサロンや脱毛、化粧品、サプリメントなどの美容関係、転職求人関係、キャッシング・クレジットカードなどの金融関係、ノウハウやマニュアルなどの情報を有料で提供する情報商材です。

ただ、**アフィリエイターに人気があるということは、ライバルが多いということ**なので、それだけ稼ぐのが難しいジャンルでもあります。

1件あたりの成果報酬額が高い広告がたくさん成約になればいいのは当たり前ですが、報酬額が低くても多くの成約が見込める広告なら、選ぶ価値は十分にあります。

このように、**扱う広告によって、報酬額は大きく違ってきます**。

以上のように、**「作業時間」**と**「扱う広告」の差が「月に数万円~1000万円」という差になります**。

Question 05

[質問頻度] ★★★★☆

約90%の人が月に5000円未満しか稼いでいないと聞いたのですが……?

アフィリエイトで稼げるのかどうかを調べていると、**「約90%の人が月に5000円も稼げていない」**という記事をよく目にします。

この数値は、2005年のアフィリエイトマーケティング協会の市場調査結果がもとになっていると思われます。

このデータだけを見ると、これからアフィリエイトを始めようと思っている人も、やる気がなくなってしまうかもしれません。1カ月で5000円というと、時給800円のアルバイトでも、たった1日働けば稼げてしまう額ですね。これではやる気が起きなくても当然です。

しかし、私は**この数字だけを見て心配する必要はない**と思います。ショッキングなデータだけがネット上に残っていて、それを根拠に噂が広がっているだけのように思います。

私の周囲のアフィリエイターで、1年以上続けているのに月に5000円に到達していない人はいませんし、この市場調査に回答を出したという人も聞いたことがありません。

ちなみに、2005年のあとを見てみると、

- **2007年の調査　月5000円未満は85・3%**
- **2012年の調査　月5000円未満は69・0%**
- **2016年の調査　月5000円未満は50・7%**

と、5000円未満の人の割合は減少しています。

一方で2016年の調査では**月100万円を超える人の割合は、前年度の約2倍**になっています。

アフィリエイトを始めてからたくさんのアフィリエイター仲間ができましたが、**ほとんどの人が現在、月に10万円以上稼いでいます**。月に100万円以上稼ぐ人も何人もいます。

Keyword Plus

成功曲線

アフィリエイトで成功するために作業時間は重要な要素ですが、報酬が正比例で伸びていくわけではありません。

作業時間とアフィリエイト報酬の伸びは、個人差はありますが、下の図のようなカーブを描きます。

最初の3カ月間、たとえ0円でも続けられるかが、第1のハードルです。5000円～数万円で止まっている人は、この成功曲線の急上昇部分の手前にいます。

伸びを経験せずに途中でやめてしまうのは、もったいないと思います。しかし、成功する保証はなく、いつブレイクするかもわかりません。

「費やした時間分は絶対に報酬が欲しい」「すぐにお金が欲しい」と思うのであれば、労働時間に対する給与が支払われる仕事のほうが、確実にお金を手にできます。

しかしその不確実性がアフィリエイトの特徴であり、面白さでもあるのです。

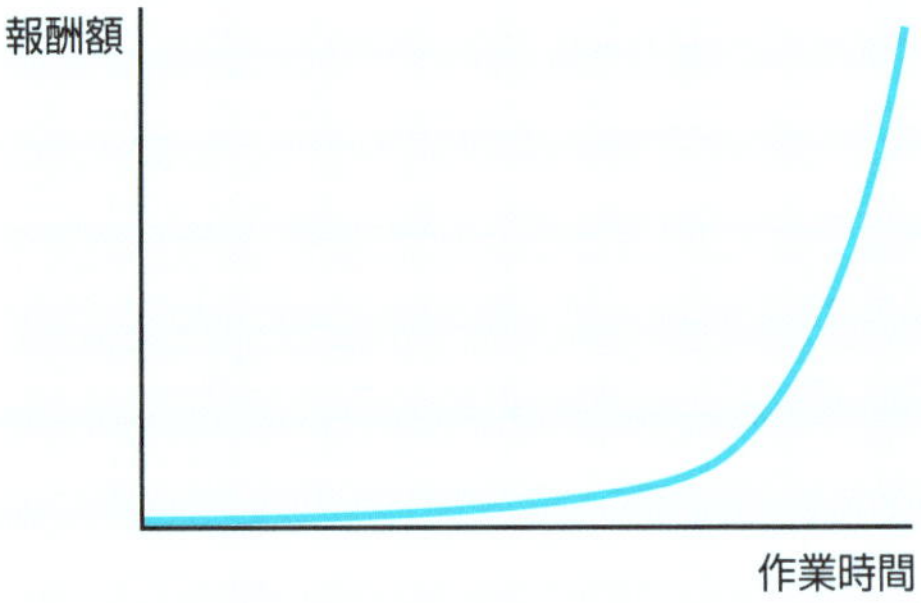

アフィリエイトの「成功曲線」は作業時間に比例しない

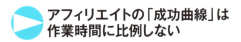

ですから、90%の人が5000円未満しか稼げないというのは、実感がありません。

数字だけをそのまま信じるのではなく、**アンケート対象となった人がどの程度、時間や費用をかけて取り組んでいるのかもあわせて考えたほうがいい**でしょう。

Question 06

アフィリエイト収入だけで生活することは可能ですか？

［質問頻度］★★★★★

これについては、私自身やまわりの専業アフィリエイターを見ても、**「アフィリエイト収入だけで生活するのは可能だ」といって間違いありません**。

私は2011年からアフィリエイト収入だけで生活しています。

そして、周囲のアフィリエイター仲間も、同じようにアフィリエイトを本業にしている人が数多くいます。なかには**アフィリエイトを軸にしながら、不動産投資やコンサルティング、輸入ビジネスなど、違う業種で活躍の場を広げる人もいます**。

私が会社を辞める決心をしたときに、知り合いのアフィリエイターにこう打ち明けたことがありました。

「会社員はボーナスがあったけど、これからはなくなるから不安です」

するとその人は、**「何をいっているんですか？　これからは毎月、いままでのボーナス以上の収入が入ってくるんですよ！」**といったのです。

このときの衝撃は、いまでも忘れられません。そしていま、そのとおりになっています。

「会社に雇用されていない」という不安はあるかもしれませんが、昨今の経済状況を見ていると、**会社員だから一生安泰とはいえません**。

会社員は給与所得だけで生活しているわけですから、同じくらいの収入を得ることができれば、アフィリエイト収入だけで生活することも十分に可能です。

Question 07

パソコン用語やサイトづくりの知識がゼロからでもできますか？

［質問頻度］★★★★★

まったく知らないことを始めるのは不安がありますよね。私もアフィリエイトを始めたころ、ブログは書けましたが、ホームページのしくみやつくり方は知りませんでした。

パソコン用語は、インターネットで調べればわかります。わからない言葉が出てきたら、「○○とは？」と検索すると、たいていのことはすぐにわかります。

自分で調べる力をつけるのは大切なことです。

始める前は何かと不安になるのはわかりますが、そんなに心配することはありません。時間がかかったとしても、ひとつずつ知識になっていくでしょう。

私もパソコン用語や機械のことは詳しくありませんでした。

最初は誰もがド素人で初心者です。わからないこと、**できないことを克服する手段はたくさんあります**から、ひとつずつ乗り越えていけば大丈夫です。

ただひとつだけあげるとすれば、**最低限必要なスキルは、キーボードを打てること**です。文章を書いたり、検索したり、とにかく文字を打つことがとても多いからです。

ブラインドタッチ（タッチタイピング）という、キーボードを見ないでタイピングできるのが理想です。速く文字が入力できれば、それだけたくさん作業ができます。

Question 08

iPhoneなど、スマホのみでアフィリエイトはできますか？

［質問頻度］
★★★☆☆

私が実践しているサイトアフィリエイトは、ホームページをつくるので、スマホやiPadなどのタブレットだけでやるのは困難です。**絶対に不可能だと断定はできませんが、実際に作業をするのは難しい**でしょう。

サイトをつくる作業は、情報を調べる、文章を書く、コピー&ペーストなど、複数のウインドウを見ながら行います。これらをすばやく行うには、スマホやタブレットだけでは難しいからです。

たくさん文章を書いて画像も扱うので、**パソコンで作業するほうが圧倒的にラクで早い**のです。

また、スマホ表示に対応したバナー広告は増えてきましたが、アフィリエイター登録から広告の検索などまではスマホでできたとしても、すべての広告がスマホサイト用に配信されていないなど、まだまだ環境が整っていない状況です。

このように、**ブログやツイッターの投稿はスマホだけでもできますが、サイトアフィリエイトでしっかり稼ごうとするのは難しい**と思います。

ツイッターだけで考えるなら**「ツイッターアフィリエイト」**があります。

ツイッターに慣れていて、たくさんのフォロワーがいる場合は、ツイッターアフィリエイトで成功する可能性もあります。

Question 09

サラリーマンの副業として始めたいのですが、簡単にできますか?

［質問頻度］★★★★★

アフィリエイトは「副業」として紹介されることの多いビジネスです。

私が調べたところ、日本の法律で明確な「副業」の定義はありません。ここでは、副業を広い意味で考え「報酬の多少にかかわらず本業以外の仕事すべて」としてお話しします。

副業としてアフィリエイトに取り組む際のよくある質問について、**「就業規則」**と**「作業時間の確保」**の2つに分けて解説しましょう。

❶就業規則

公務員や一部の団体に所属する人は法律で副業が禁止されていますが、それ以外の場合、副業でアフィリエイトはできるのでしょうか。

本業がありながらアフィリエイトする場合、確認しておかなければいけないのが「就業規則」です。多くの会社が、就業規則で副業を禁止しています。

就業規則では、「会社の許可なく副業を行うことを禁止する」と明確に書いてあることもあれば、記載がなかったり少しあいまいに書かれている場合もあります。

「副業は会社に内緒でこっそりやる」というイメージがあるかもしれません。

昔は一律で禁止されていた副業ですが、残業の制限やワーキングシェアの影響を考慮し、認める会社も増えてきました。**会社によって就業規則や副業を認める条件は異なるので、事前に確認しましょう**。

許可制であれば、申請して許可を得ておくのが安心です。

❷作業時間の確保

アフィリエイトが広まったのは、空いた時間に「副業」として手軽に取り組めるという点が大きいと思います。始めるだけなら気軽にスタートできるビジネスですが、報酬を増やそうとすると、まとまった作業時間が必要です。

コツさえつかめば、1日に短時間の作業でも安定した報酬を得られるようになります。

しかし、「数分の作業やほったらかしで稼げる」という不労所得ではありません。とりわけ、初心者が成功曲線（32ページ、「Keyword Plus」参照）の波に乗るには、十分な作業時間が必要です。

私の場合は、毎日3時間程度の作業時間をつくるようにしていました。残業で遅くなるときや疲れて作業できないときは休み、その分は休日にまわして調整していました。

朝早く起きられる人や本業で帰宅が遅い人は朝がいいでしょうし、夜のほうが集中できる人もいるでしょう。

ポイントは、できるだけ毎日2~3時間くらいの作業時間を確保することです。

「早く稼ぎたい！」と焦って無理をすると、健康を害してしまったり、本業の仕事のミスにもつながりかねません。

作業時間の確保については、あなたを応援してくれる家族の協力が得られれば、なおよいでしょう。

無理のない範囲で、できるだけ毎日作業できるスケジュールを考えてみてください。

Question 10

いまから始めたら、稼げるまでどれくらい時間がかかりますか？

[質問頻度]
★★★★★

たしかに現在、アフィリエイトプログラム黎明期に比べると、検索結果の上位表示が難しくなったといわれていますが、暗い話ばかりではありません。

ネット通販をよく利用する世代は、ひとり1台スマートフォンや携帯電話を所有している状況です。

そして、**ネット通販業界は毎年右肩上がりで成長し、その市場規模は2012年度で9・**

5兆円、2015年で13・8兆円（経済産業省「電子商取引に関する市場調査」結果）といわれています。

新しい商品やサービスが次々と生まれ、その中から**扱う商品を自由に選ぶことができる時代**です。

商品が違えば、狙うキーワードも違ってくるので、ライバルも分散されます。**いまから参入するアフィリエイターが、隙間を狙っていくのも十分可能**です。

昔から参入しているアフィリエイターが稼いでいるという事実はありますが、これから始める人が稼げないということはありません。

稼げるまでにかかる時間は、「いくら稼ぎたいのか」によって変わってきます。また、作業にあてられる時間によっても違います。

ざっくりとした答えになりますが、1日1〜2時間の作業であれば、3カ月で0円でもめずらしくはありません。**運がよければ、数週間で初報酬が得られるでしょう**（報酬の額はアフィリエイトしている商品によって差がありますので、一概にはいえません）。

1カ月100万円以上稼げるようになるには、1年以上続ける必要があると思います。ただし、取り組み方で大きな差があり、数カ月で達成してしまう人もいます（28ページ、「❶作業時間」参照）。

結論

・アフィリエイトはパソコンとネット環境があれば、好きな時間に好きな場所でできるビジネス。ホームページやブログで商品を紹介する広告業ともいえる。初期投資が少ないのが魅力。
・アフィリエイトでどれくらい稼げるかは、作業時間と選ぶ広告によって大きく違う。月間5000円以下の人もいれば、100万円以上稼ぐ人もいる。
・アフィリエイトを始めてすぐ結果は出ない。運がよくても数週間は必要。
・キーボードを打つことができて、わからないことをインターネットで検索することができれば、難しい知識がなくても始められる。

【第2章】

アフィリエイトのしくみを知ろう

第2章では、「どうすれば、アフィリエイトで報酬をもらえるのか」「何から始めたらいいのか」など、**アフィリエイト報酬がもらえるしくみとゼロから始める手順**を解説していきます。

Question 11

アフィリエイトってどういうしくみなんですか？

［質問頻度］★★★☆☆

Q1で、アフィリエイトは「企業の宣伝活動をお手伝いすること」と説明しました（23ページ参照）。では、具体的には何をするのでしょうか。

アフィリエイトとは、**ホームページに商品やサービスの広告（売っているサイトへのリンク）**

を載せて、報酬（広告料）をもらうことです。

アフィリエイトを始めるには、自分のホームページをつくって、そこに商品やサービスのサイトへのリンク（広告）を張ります。

広告リンクをクリックした人が、商品を買ったり、サービスを利用したりすると、報酬としてお金がもらえるしくみです。

アフィリエイトは、情報を探している人や悩みを抱えている人向けに、その情報を提供したり、悩みを解決するための商品を紹介（広告）したりするサイトをつくります。

たとえば、「ポイント率の高いクレジットカードはどれだろう？」と探している人向けには、各クレジットカードのポイント率を紹介するページをつくり、クレジットカードの申し込みサイトへのリンクを張ります。

「ダイエットしたい！」という人に向けては、ダイエットの方法やダイエット商品を紹介するページをつくり、スポーツクラブの入会やサプリメントを売っているサイトへのリンクを張る、といった具合です。

広告リンクを張るということは、リンク先のサイトの宣伝をしていることになるわけです。

どちらの商品がいいか迷っている人には、商品の特徴をわかりやすく説明し、選びやすいように背中をおしてあげるなど、広告の内容に合わせてページをつくっていきます。

たとえば、冷凍弁当の宅配サービスを探している人向けのホームページであれば、1社の冷凍弁当だけでなく、複数の冷凍弁当を紹介して、それぞれの特徴などを比較するページもできるでしょう。

複数の商品を紹介する「比較サイト」や「ランキングサイト」は、アフィリエイトサイトでよく使われる紹介方法です。

ホームページをつくるときに必ずやらなければいけないのは、**紹介する商品を売っているサイトへのリンクを張る**ことです。リンク先のサイトでその商品を買ってもらうことで、報酬が発生するからです。

Question 12

お金はどこからもらえるのですか？

［質問頻度］
★★★☆☆

アフィリエイトの報酬は、「ASP」という代理店から受け取ります。

ASPは、「アフィリエイト・サービス・プロバイダ」の略で、あなたのホームページに載せる広告（紹介する商品）を仲介してくれて、その報酬を支払ってくれます。お金はリンクを張った企業から直接もらうのではなく、ASPから受け取るのです。

[図表2◆1] アフィリエイトの流れ

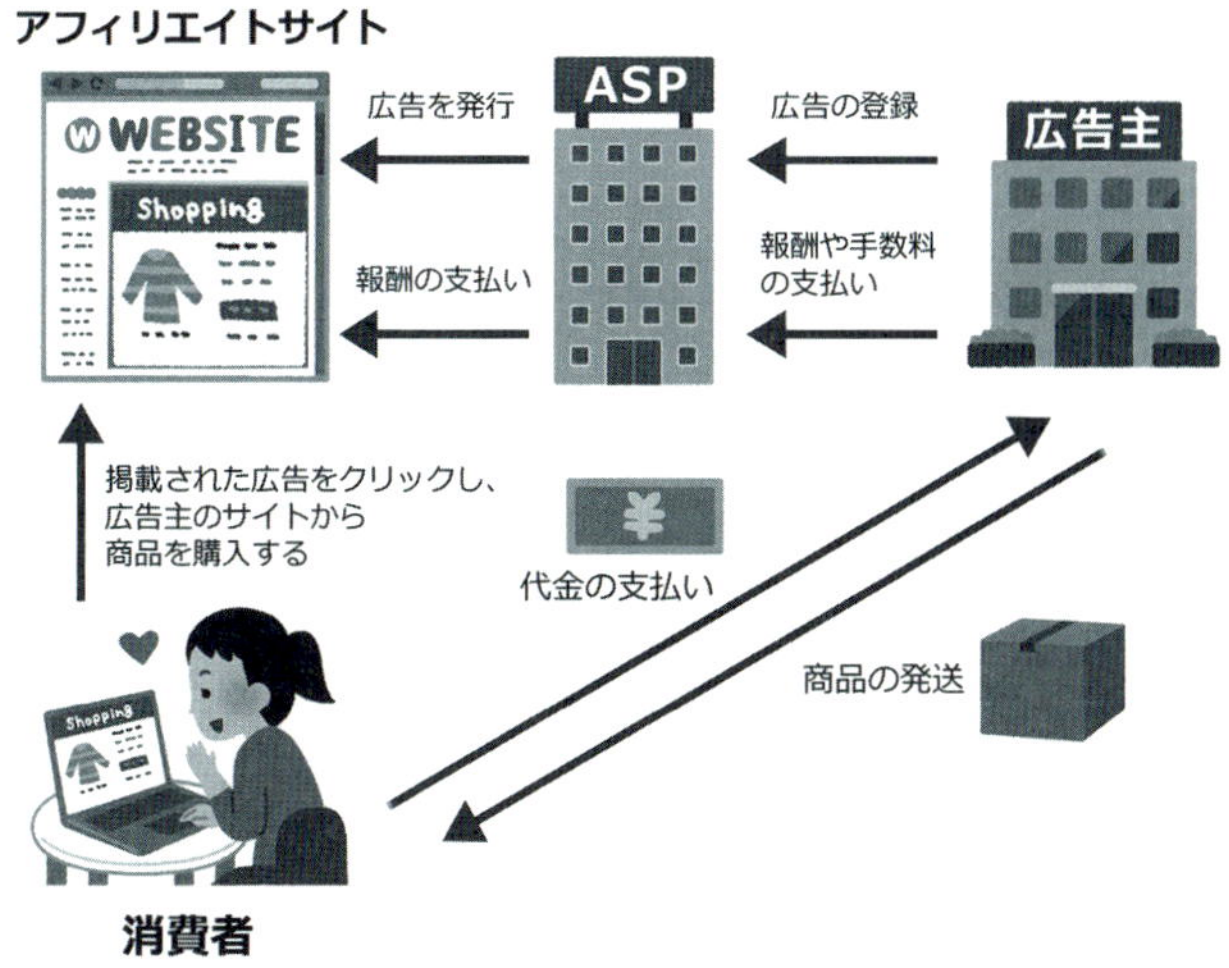

いくらあなたがホームページで紹介したい商品があっても、その商品を売っている会社が広告料を払ってくれなければアフィリエイトにはなりません。

あなたがホームページで紹介する商品（広告料を払ってくれる会社）は、ASPのサイトの管理画面で探して、登録されているものの中から選びます。

ASPには、たくさんの企業が広告主として登録しています。その中から、あなたが広告して**アフィリエイトしたい商品やサービスを自由に選ぶことができます**（ただし、提携には審査があります）。

図表2-1のアフィリエイトの流れを見ると、ASPの役割の大きさがよくわかります。消費者・広告主・ASP・アフィリエイターのかかわりと、商品とお金の流れに注目してください。

消費者がアフィリエイトサイトを訪問し、掲載されている広告をクリックすると、リンク先の広告主の販売ページ（ランディングページといいます）に飛びます。そこで消費者が商品を購入すると、広告主が商品を発送します。消費者が支払った代金は広告主が受け取ります。

購入や代金の支払いは普通の通販と同じですから、消費者は間にいるアフィリエイターの存在を意識していない人が多いでしょう。

代金を受け取った広告主は、アフィリエイターへの報酬や手数料をASPに支払います。アフィリエイターへの報酬はASPから支払われます。

アフィリエイターは商品やサービスを紹介しますが、直接販売はせず、商品代金の受け取りもありません。**消費者が広告主（販売者）へ支払った代金の一部が、ASPを経由して、アフィリエイターへ支払われる**というイメージです。

Question 13

アフィリエイトを始めるとき、まず準備するものは何ですか？

［質問頻度］
★★★☆☆

アフィリエイトを始めるにあたって、最初に用意するものが5つあります。

「そんなにあるの？」と思うかもしれませんが、多くの人はすでにもっているものがほとんどですから、安心してください。

必要なものは、**「❶パソコン」「❷インターネット環境」「❸銀行口座」「❹メールアドレス」「❺ASPに登録するための媒体」**（ブログまたはサイト〈ホームページ〉）です。

❶パソコン

作業するための「パソコン」は必要です。35ページでも説明しましたが、**スマホだけでは作業が難しいので、パソコンを用意してください**。

私はデスクトップ型を使っていますが、ノートパソコンでもかまいません。パソコンの性能は、最初からこだわらなくてもいいでしょう。多少画像の編集をすることがありますが、**高度な処理能力は必要としません**。

❷インターネット環境

次に「インターネット環境」ですが、これはアフィリエイトをしていなくても、すでにもっている人も多いでしょう。

❸銀行口座

「銀行口座」は、報酬を受け取るために必要です。こちらももっていない人は少ないでしょう。

指定する銀行口座によって、振り込み時に引かれる手数料が少なくなるなどの差が出ることもありますので、確認してください。

❹メールアドレス

「メールアドレス」は、すでに使っているものでもかまいませんし、アフィリエイト専用にGメールなどのフリーメールを取得してもいいでしょう。

次に説明するＡＳＰに登録すると、新着広告のお知らせなど、多いときで１日に数十件ものメールが届きます。

アフィリエイト専用のメールアドレスをとって、プライベートと使い分けることをおすすめします。

❺ＡＳＰに登録するための媒体（ブログまたはサイト）

最後は「ＡＳＰに登録するための媒体」（ブログまたはサイト）です。

アフィリエイトの広告はＡＳＰのサイトで探しますが、この**ＡＳＰに登録する際に、自分で運用するブログかサイトをもっている必要があります**。

ブログやサイトは、内容は重視されません。登録時に形式的に必要なものだと考えて大丈夫です。

すでに広告が掲載できるブログをもっている場合は、それでもかまいません。ない場合は無料ブログを新しくつくります（67ページ参照）。

ほとんどのASPで登録用ブログ（サイト）が必要ですが、例外があります。

「A8.net」（エーハチネット）というASPは、登録と同時に「A8.net」が運営するファンブログの開設ができるので、事前にサイトをもっていなくても、登録することができます（「A8.net」に登録する方法は64ページ参照）。

Question 14

アフィリエイトを始めるための具体的な手順を教えてください

［質問頻度］
★★★☆☆

アフィリエイトを始めるための具体的な手順は、簡単にまとめると次の5工程です。

「❶ASPに登録」→「❷広告選び」→「❸サイト＋キーワード作成」→「❹広告の提携申請・掲載」→「❺集客」。

「❶ASPに登録」は一度だけなので、以降の作業は❷から❺の繰り返しになります。

ここでは、ざっと全体の流れを説明していきます。詳しくは、〔第Ⅱ部　実践編〕以降の説明を参照してください。

❶ **ASPに登録**

まずはASPに登録します。

登録方法はASPの業者ごとに若干の違いはありますが、いずれも手順は簡単です。

「A8.net」なら**登録用ブログやサイトをもっていなくてもメディア会員登録が可能**です（「A8.net」ではアフィリエイターを「メディア会員」と表記しています）。

まずは、「A8.net」に登録してみましょう（詳しくは64ページを参照）。

❷ **広告選び**

ASPにメディア会員として登録が承認されると、管理画面にログインできるようになります。**管理画面から掲載したい広告を選びます**。

報酬額や成果条件などを基準に選んでください（詳しい話は「第4章　稼げる広告選びとは？」で後述します）。

❸ **サイト＋キーワード作成**

掲載したい広告が決まったら、サイトをつくります。

[図表2◆2]「A8.net」管理画面

ここで大切なのは、サイトをつくると同時に集客したいキーワードを決めることです。

キーワードとは、訪問者が検索するとき入力する言葉で、これから作成するサイトの読者を想定して選出します（キーワードの選び方などはあとで詳しく説明します）。

そして、インターネット上の「住所」にあたるドメイン（「http://〇〇〇〇.com/」など。115ページ参照）を取得します。

サイトは、広告（紹介する商品）ごと、もしくは広告のテーマごとに作成します。

1サイトだけで大きく稼ぐことは難しいので、将来的には複数のサイトを運営していくことになります。

❹広告の提携申請・掲載

❸で作成したサイトをASPに登録し、❷で選

[図表2◆3] バナー広告の例とテキスト広告の例

●バナー広告

●テキスト広告

無料会員登録はこちら

んだ広告の提携申請をします。「広告は基本的に**提携許可されたサイトでしか掲載できない**」というルールがあるため、❸のサイトを先につくるのです。

ここで注意するのが、「提携できない場合もある」という点です。もし、提携許可がおりなければ、つくったサイトが無駄になってしまいます。

これを防ぐには、提携に審査がない「即時提携」の広告を選ぶか、**図表3-3「アフィリエイトが可能な有名無料ブログ」**（68ページ）にあげた登録用ブログで仮に申請してみるとわかります。

提携許可がすぐにおりれば、**新しくつくったサイトでも許可される可能性が高い**と考えることができます。

提携が許可されると、広告タグが取得できるので、これをサイトにはり付けます。

インターネットに文字や画像を表示させるには、特殊な形式（文字列）で書く必要があります。この文字列がタグです。

広告タグは、メディア会員ごとに個別に発行され、**誰のサ**

イトからの売り上げがわかるようになっています。

サイトに、リンクがついたバナー広告（画像の広告）やテキスト広告が表示されます。

❺ **集客**

自分のサイトに訪問者を集めるための仕掛けをつくっていきます。

具体的には、無料ブログやソーシャルブックマークからの「被リンク」です。被リンクというのは、ほかのサイトからリンクを張ってもらうことです。

ソーシャルブックマークとは、お気に入りのページやよく見るページを登録できるサービスで、「はてなブックマーク」が有名です。

Question 15

ジャンルやテーマを決めなくても、アフィリエイトはできますか？

［質問頻度］
★★★☆☆

大きく稼いでいるアフィリエイターは、自分の得意なジャンルをもっています。

しかし、最初から「このテーマで稼ごう！」と思ってスタートしても、すんなりと稼げることはまれです。

一般的に稼げるといわれている、転職・求人、エステ・脱毛、キャッシング・カードローンなどのビッグキーワードは、サイトのテーマを決めても、ライバルサイトが多数ある激戦区です。しかし、これら**有名ジャンル以外にも、稼げる広告、新しい広告はたくさんあります**。

すでにライバルが多い案件より、**新しい案件に挑戦することで、いまから始める人でも稼げるチャンスが生まれます**。アフィリエイトを始める時点で、得意なジャンルがわかっていなくても、問題ありません。

私が作成している「ペラサイト」は、ビッグキーワードは狙わず、複合キーワードで、細かいアクセスを狙います。

Question 16

「ペラサイト」って何ですか？利点はありますか？

［質問頻度］
★★☆☆☆

私が「ペラサイト」という言葉を知ったときは、「トップページ1枚だけのホームページ」として使われていました。

明確な定義はないので、いろいろな意味にとらえることができますが、たとえば次の3

などが一般的にペラサイトといわれているものです。

- ・トップページのみのサイト
- ・10ページに満たない小規模サイト
- ・内容の薄いサイト

トップページのみのサイトを、「1ペラサイト」と呼んでいる人もいます。私がつくっているペラサイトは**「10ページに満たない小規模サイト」**です。

「ペラサイト」は短時間で作成できるので、次々と新しい商品を紹介できるというフットワークの軽さがあります。**新しい商品は、参入しているアフィリエイターも少ないので、勝算が見込める**のです。

いろんな商品でたくさんのサイトをつくってみることで、その中から売れるサイト、売れる商品が出てきます。これが、あなたの得意ジャンルになっていきます。

でも、**あなたの得意なジャンルに、最適なアフィリエイト広告がなければ、報酬を得ることはできません**。

アフィリエイトは、「稼げる広告」と「そうでない広告」があります。

最初からテーマを絞るより、いろんなジャンルでサイトをつくってみて、その中からヒ

ットするものをみつけていきましょう。
それができるのが、ペラサイトの魅力です。

[図表2◆4] ペラサイトの例

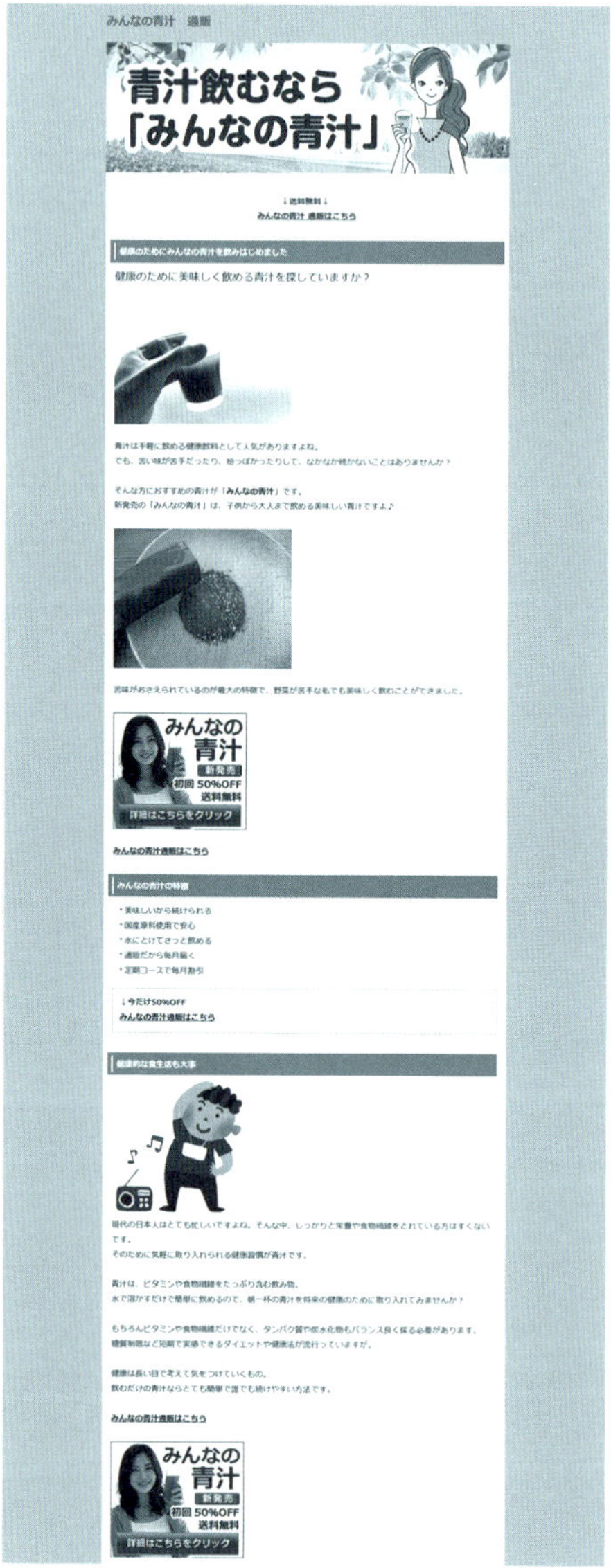

Question 17

「ペラサイト」だけでも稼げますか？

［質問頻度］
★★☆☆☆

近年、「ペラサイトでは稼げない」「ペラサイトはＧｏｏｇｌｅから評価されないので検索順位が上がらない」という話を聞きます。また、「ペラサイトで稼げますか？」と聞かれることも少なくありません。

これについて私は、**「ペラサイトだから稼げない」とは思いません。**

内容の薄いペラサイトでは稼げませんが、**ユーザーのためになるサイトなら、ページ数は関係ない**と感じています。

検索エンジンの役割は、ユーザーが探している情報が掲載されているサイトを上位表示させることです。

そして、サイト（サイト運営者）はユーザーが求める情報やコンテンツを提供することが役割です。ユーザーが求める情報が、何十ページも読まなければ得られないのであれば、それだけのページ数が必要でしょう。

たとえば、あなたがいま現在のハワイの天気を知りたいとします。

そのときに、ハワイの歴史やグルメ情報は必要でしょうか？　ハワイ旅行を考えている人にとって、それらは有益かもしれませんが、知りたいのが天気だけであれば、余計な情報になってしまいます。

情報が多いことはいいことですが、情報が多すぎて知りたいことがわかりにくくなってしまうようでは本末転倒です。

ページ数だけでサイトの良し悪しを判断するのではなく、ユーザーの求めるものにきちんと応えられているかが重要です。

ペラサイトに掲載する広告は、ひとつの場合もあれば、複数掲載することもあります。これは**「ユーザーの悩みを解決する商品が複数あるか」で変わってきます**。

「こんなお悩みにはこの商品!」と自信をもっておすすめできる場合は、ひとつの広告だけを掲載します。

ユーザーによって「耐久性重視ならA、価格重視ならB」というように選択肢がいくつかある場合は、複数の商品を紹介します。

結論

・アフィリエイト報酬はＡＳＰ（アフィリエイト・サービス・プロバイダ）とよばれる広告代理店から支払われる。
・アフィリエイトを始めるときに必要なものは、❶パソコン、❷インターネット環境、❸銀行口座、❹メールアドレス、❺広告を掲載する媒体の５つ。
・短時間で作成できるペラサイトを複数つくることで、初心者でもヒットする商品をみつけやすくなる。ジャンルを決めずにアフィリエイトできるのがペラサイトの魅力。

第II部 実践編

【第3章】まずはＡＳＰに登録しよう

アフィリエイトは、自分のブログやサイトに、広告を掲載します。広告を掲載するためには、広告を配信してくれる「ＡＳＰ」に登録します。第3章では、**ＡＳＰの選び方や登録の仕方**を解説していきます。

Question 18

どのＡＳＰを選べばいいでしょうか?

[質問頻度]
★★★★☆

ＡＳＰ（アフィリエイト・サービス・プロバイダの略。44ページ参照）にはどこかひとつだけではなく、複数に登録しておきましょう。登録にお金はかかりません。**最初は大手ＡＳＰの中から3～5社選んでおけば、問題あ**

りません。

代表的なASPには、66ページの図表3-2のようなものがあります。

それぞれのASPで取引している企業（広告主）が違うので、**広告の選択肢を増やすには多くのASPに登録しておく**といいでしょう。**稼いでいるアフィリエイターは、複数のASPに登録しているのが普通**です。

同じ広告でも、ASPによって成果報酬額や成果の発生条件が違うことがあります。複数のASPに登録しておくと、比較して、よりよい条件の広告を扱うことができます。

新着広告やほかのアフィリエイターが扱っていない広告を選ぶと、ライバルが少ないというメリットがあります。**ライバルが少なければ、検索結果の上位表示も難しくないので、それだけ稼ぎやすくなります**。

最初に登録するなら、「A8.net」（エーハチネット）がおすすめです。

「A8.net」には提携審査に時間がかからない「即時提携」の広告も多く、アフィリエイトを始めるには最適なASPだからです。

「A8.net」への登録の流れは次のとおりです。

[図表3◆1] ASP登録手順（「A8.net」の場合）

ASPにはさまざまな種類がありますが、ここでは初心者～上級者まで幅広い利用者がいる「A8.net」の登録手順を例として紹介します。

❶ まずは登録するボタンをクリック

【エーハチネット　メディア会員利用規約】、【ファンブログ利用規約】、「個人情報の取り扱いについて」を必ずご確認頂き、同意の上お申込ください。同意するボタンを押すと登録ページに移動します。

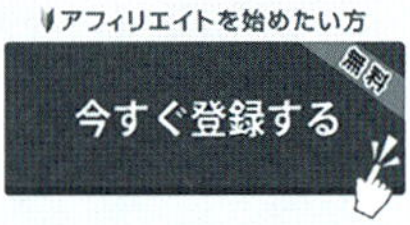

↓

❷ メールアドレスを入力

A8.net からのメールを受け取るメールアドレスを入力してください。
画像認証に英数字を入力し、「上記内容で送信」をクリックすると、登録用のページ URL が入力したメールアドレスあてに送信されますので、アクセスした次のステップに進んでください。

↓

❸ 基本情報を入力

A8.net にログインする際に必要な、ログインID・パスワードを決めていただき、住所・生年月日などのあなたの情報（法人であれば会社の情報）を入力してください。

↓

④ サイト情報を入力

サイトをお持ちの方	サイトをお持ちでない方
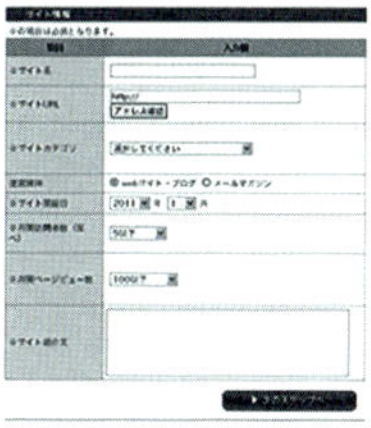	
あなたの運営しているサイトやブログの情報を、入力してください。	サイトをお持ちでなくても A8.net と同時に利用できる「ファンブログ」にそのまま登録することができます。情報の設定画面へお進みください。

⑤ ブログ情報を設定

サイト登録をされた方でも、ファンブログを作成することができます。

▶自動的に作成する …URL等は自動的に付与されます。

▶詳細を設定して作成する …ブログ名等、詳細な設定を行います。

▶ファンブログを作成しない …ファンブログを作成しません。

※一度登録したURLは変更ができません。ご了承下さい。

⑥ 銀行口座を登録

A8.net で確定した成果報酬の振込み口座を入力してください。口座は、銀行口座・ゆうちょ銀行どちらでも登録可能です。

⑦ 登録する内容を確認

入力情報に間違いなどないか、もう一度よく確認し、「メディア会員登録する」ボタンを押す。

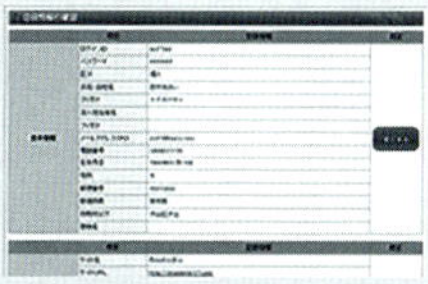

登録完了

[図表3◆2] 代表的なASP

● 「A8.net」(エーハチネット) **初心者〜上級者向け**

https://www.a8.net/

メディア会員数、広告数ともに業界最大級の ASP。自分のサイトやブログをもっていなくてもアフィリエイター登録が可能です。

● 「ACCESSTRADE」(アクセストレード) **初心者におすすめ**

https://www.accesstrade.ne.jp/

「A8.net」や「バリューコマース」同様、多くのアフィリエイターが利用する主要 ASP のひとつです。担当者がつくと、きめ細やかな対応をしてくれるのでおすすめです。※振込手数料無料

● 「VALUE COMMERCE」(バリューコマース) **中級者以上におすすめ**

https://www.valuecommerce.ne.jp/

1999 年日本で最初にできた ASP。初心者には管理画面が少し複雑に感じられるかもしれません。※振込手数料無料

● 「afb」(アフィ b) **初心者におすすめ**

https://www.afi-b.com/

美容系、健康系の広告が多く、大手 ASP にはない広告があります。報酬が翌月支払いと早く、アフィリエイターに優しい ASP といえるでしょう。問い合わせなどの返信が早く、安心感があります。※振込手数料無料

● 「JANet」(ジャネット) **初心者におすすめ**

https://j-a-net.jp/

広告数は多くありませんが、他社にない商品があります。※振込手数料無料

● 「LinkShare」(リンクシェア) **中級者以上におすすめ**

https://www.linkshare.ne.jp/

有名ブランド、アパレル関係の広告が多い ASP です。1 円から報酬を受け取ることができます。管理画面が少し使いづらく感じるかもしれません。
※振込手数料無料

● 「TG アフィリエイト」(トラフィックゲートアフィリエイト)
中級者以上におすすめ

https://www.linkshare.ne.jp/TG/

運営会社が「リンクシェア」と合併しましたが、ASP は統合されず別運営となっています。金融系の広告に強い ASP です。
※ジャパンネット銀行のみ振込手数料無料

Question 19

ASPへの登録用として使える無料ブログには、どんなものがありますか？

［質問頻度］
★★★☆☆

登録用ブログとは、Q13で説明した「ASPに登録するための媒体」のことです。**稼ぐためのサイトをつくるには、まずは広告を探さなければなりません**。そのために、ASPへの登録は必須です。そこで、ASPに登録するために、**簡単につくれる無料ブログで登録する**というわけです。

無料ブログサービスはたくさんありますが、なかにはアフィリエイトを禁止しているところもあります。

また、広告が掲載可能なブログかサイトでないと登録できないこともあります。申し込む前に**アフィリエイトを禁止していないかどうか、利用規約で確認**しておきましょう。

アフィリエイトは商用利用にあたるので、「商用利用可」とあれば利用できます。ブログによっては「商用利用不可、ただしアフィリエイトは可」という場合もあります。

ブログを開設したら、日記のような内容でいいので、5つほど記事を投稿しておきましょう。

「A8.net」登録時に開設できるファンブログも、ほかのASPの登録用に使えます。

[図表3◆3] アフィリエイトが可能な有名無料ブログ

●Seesaa ブログ
http://blog.seesaa.jp/

Seesaa ブログは、1 アカウントで 5 個のブログが作成できます。独自ドメインで運営することも可能です。強制的に表示される広告は少なめです。

●ライブドアブログ（livedoor Blog）
http://blog.livedoor.com/

ライブドアブログは、1 アカウントで 10 個のブログが運営できます。独自ドメインも無料で運営可能ですがスマホ広告は消せません。

●JUGEM（ジュゲム）
https://jugem.jp/

JUGEM（ジュゲム）は、複数ブログには対応していません。広告非表示と独自ドメインの利用は有料プランで対応しています。

●ココログ
http://www.cocolog-nifty.com/

ココログは、無料ブログは 1 アカウントにつき 1 ブログですが、有料プランで複数ブログに対応しています。有料プランでは広告を非表示にすることができます。

●忍者ブログ
http://www.ninja.co.jp/blog/

忍者ブログは 1 アカウントで 10 個のブログが作成可能です。独自ドメインでの運営にも対応しています。

●ファンブログ
https://fanblogs.jp/

ファンブログはアフィリエイト ASP の「A8.net」が運営するブログです。強制的に表示される広告がなくアフィリエイトを始める方にとっては使いやすいブログです。1 アカウントで 5 個のブログが作成できます。

Question 20

サイトは全部ASPに登録しなくてはいけないのでしょうか？

[質問頻度]
★★★☆☆

すべてのサイトの登録を必須としているASPがほとんどですが、**アフィリエイトサイトを量産していると、登録サイト数の上限に達してしまうことがあります。**

登録サイト数の上限は、「A8.net」の場合、「主サイト」と「副サイト」あわせて500サイトです（2017年6月現在）。

主サイトとは、最初に登録したメインのサイトを指します。それ以外のサイトは副サイトという扱いになります。それはASPが便宜上決めているだけなので、主サイトはほかのサイトに変更することも可能です。

「VALUE COMMERCE（バリューコマース）」は、サイト数の上限はありません。「TGアフィリエイト（トラフィックゲートアフィリエイト）」は5サイトまでしか登録できないので、すぐに上限に達してしまいます。

上限になってしまった場合の対処法は、ASPによって違います。**個別に確認して指示に従うようにしましょう。**

結論

・ＡＳＰは複数登録しておく。最初に登録するＡＳＰは「A8.net」がおすすめ。
・ＡＳＰに登録する媒体は無料ブログでＯＫ。ただしアフィリエイトが禁止されていないかどうかを確認する。
・広告を掲載する媒体は基本的にすべてＡＳＰに登録する。

第4章 稼げる広告選びとは？

第４章では、広告の選び方を解説します。広告はジャンルも、もらえる報酬もさまざまです。選ぶ広告によって、成果報酬が大きく違ってきます。**広告選びは、アフィリエイトで稼ぐために重要なポイント**です。

Question 21

広告選びに迷ってしまいます。どのような基準で選べばいいですか？

［質問頻度］★★★★★

アフィリエイトを始めたときは、ＡＳＰにある広告を片っ端から選んでいました。

経験を積んだいまは、**「❶１件あたりの単価が高い」「❷ライバルが少ない」「❸獲得件数が多く見込める」「❹ネット通販でしか買えない」**の４つを基準に申請する広告を選ん

[図表4◆1] 発生報酬が否認される理由の例

- 未入金、返品、キャンセル、重複注文、配送戻り、リピート購入（実際に購入・入金があっても、成果発生条件が「新規購入のみ」であれば否認されます）
- 虚偽申し込み、同一IPからの複数申込（同一IP＝同じユーザーとみなされるからと考えられます）

でいます。

❶1件あたりの単価が高い

私の場合、第一の条件は単価です。

アフィリエイト報酬が「1000円の商品A」と「5000円の商品B」があったとします。それぞれ月間10件ずつ売れたら報酬はどうなるでしょうか。

商品A　1000円×10件＝1万円
商品B　5000円×10件＝5万円

これは100％承認された場合の結果です。

アフィリエイトでは、ときどき発生した報酬が却下される（成果として承認されない）ケースがあります。発生報酬が否認される理由は、図表4-1のように広告主によってさまざまです。

そこで、次に承認率を考慮してみます。当然、100％に近いほうが優秀な広告です。

承認率は公開されていないことが多いので、仮に50％と80％のケースで比較してみます。

商品Aの承認率が50%の場合　1000円×10件×50%=5000円
商品Aの承認率が80%の場合　1000円×10件×80%=8000円
商品Bの承認率が50%の場合　5000円×10件×50%=2万5000円
商品Bの承認率が80%の場合　5000円×10件×80%=4万円

いかがでしょうか。

単純に1件あたりの単価が高いほうが、報酬が多くなることがわかります。

もちろんこれは、広告内容を考慮していない大雑把な計算です。単価1000円の商品Aが圧倒的に知名度がある場合、商品Aのほうが売れやすいかもしれません。

しかし、**売れるか売れないかは実際にやってみないとわかりませんし、サイトをひとつつくる労力は、どの広告を選んでもそれほど変わりません**。大きく稼ぐなら**「1件あたりの単価の高い広告を選ぶ」**というのは重要な要素です。

この考えは多くのアフィリエイターがもっているので、**単価の高い広告は激戦になり、上位表示が難しい**ともいわれています。

しかし、私は「単価の高い人気の広告＝上位表示が難しい＝稼げない」とは思いません。**人気の高い広告を「ビッグキーワード」で上位表示させようとするから難しくなる**のです。

ビッグキーワードとは、誰もが考えつきそうな検索需要（検索する人や回数）が多いキーワードです。アフィリエイトでいうと、「ダイエット」や「キャッシング」などです。**ビッグキーワードを避ければ、人気の広告でも稼げます**。

❷ライバルが少ない

ほかのアフィリエイターがまだ注目していない新しい広告を選ぶと、上位表示されやすい傾向があるため、ライバルが少ないと考えられます。

ライバルが少ない広告は、新着広告から選ぶとよいでしょう。**新着広告はＡＳＰからのメールマガジンや、管理画面でチェックできます**。

新しい広告がどれくらい稼げるのかは未知数ですが、**ほかのアフィリエイターより先にサイトをつくっておくと、ひとり勝ちできる可能性があります**。ピンときた商品があったら、早めにつくっておくことをおすすめします。

あまり有名でない商品でも、アフィリエイト開始後にテレビＣＭやメディア露出が増え、有名になるケースもあります。

それは、宝くじを買うのと同じ感覚かもしれません。

宝くじは、買わなければ当たる可能性ゼロ。アフィリエイトも、サイトをつくらなければ、売れる可能性ゼロです。

大当たりするか空振りに終わるかは、実際にやってみないとわからないのです。

❸獲得件数が多く見込める

広告にはジャンルによって、数が多く出るものとそうでないものがあります。車や家は一生のうちに買う頻度が少ないですが、食料品や消耗品は何度も買います。

獲得件数が多く見込める商品は、単価が低くても扱うようにしています。500円以下の商品のサイトもたくさんつくっています。

こういった商品は、1件あたりの報酬は少なくても、数が出るので、収入の柱のひとつになってくれます。その広告だけで、月に数十万円稼げることもあります。

単価が低い広告はアフィリエイターに人気がないので、つくっておくとラッキーなこともあるのでおすすめです。

❹ネット通販でしか買えない

アフィリエイトはネット上で売れた商品やサービスに対して、報酬をもらうビジネスなので、実店舗で売っている商品は強力なライバルになります。

店舗との競合を避けるいちばん簡単な方法は、インターネット通販でしか買えない商品を売ることです。

アフィリエイトは、在庫をもたずに自由に商品やサービスを選ぶことができるので、わざわざ実店舗と競争する必要はありません。

最近は、**店舗で買う前にネットで価格を比較する人が増えています**。

ですから、実店舗で販売されている商品でも、ネット通販のほうが安い場合は、「こちらで買うほうが安いですよ」と誘導してあげると売れます。

以上の4つが私の広告選びの基本です。

いまでも迷うことはたくさんありますが、**最終的には「やってみないと結果はわからない」**と思っています。

ドメイン代はかかりますが、売れれば十分にもとがとれるので、**気になる広告はサイトをつくる手間を惜しまない**ようにしています。

Question 22

どんな商品が売れやすいのでしょうか？

[質問頻度]
★★★★☆

Q21「広告選びに迷ってしまいます」では、広告選びの4つのポイントを紹介しましたが、ここでは「売れやすさ」という視点で考えてみます（重なる内容もあります）。

インターネットで何かを売る場合に「売れやすいもの」と「売れにくいもの」があります。

「売れやすいもの」は次の3つの特徴をもっています。

❶ネットでしか買えないもの

100円ショップで買えるような雑貨や、卵や牛乳などスーパーで売っている普通の食料品などは売れにくいものです。

ネット通販では、送料のほか届くまでに日数がかかるのが普通ですから、近所でいつでも買えるものは、わざわざネット通販で買おうとは思いません。

「欲しいけど近くに店舗がないもの」が売れやすいのです。

[図表4◆2] ネット通販で売れやすいもの

- **ネット限定の無料サービス**
  「引越」「保険」「中古車査定」などの**一括資料請求や無料見積もりサービス**など
- **予約が必要な限定品や並ばないと買えない人気商品**
  オークションサイトでは**定価よりも高値で取引される**こともある
- **もち帰るのが大変な大型のもの**
  家電、米・水など重いものやかさばるものなど
- **ネット通販のほうが安いもの**
  家電・DVD・古本など、**同じ商品でもネット通販のほうが安い場合がある。**最近では店舗で現物を確認してからネットで価格を比較し、安いほうで買うという消費者が増えている

❷人にいえない悩みやコンプレックスを解消するもの

誰しも人にいえない悩みやコンプレックスを抱えています。

これらを解消するための商品がインターネットではよく売れています。具体的にいうと、**ダイエット、美容、育毛関連の商品**です。

ネット通販は誰にも知られずに買うことができるので、**「店頭では買いにくい商品」はよく売れます**。

❸流行のもの

テレビや雑誌で取り上げられたもの、芸能人が紹介したものは、爆発的に売れることがあります。

とくにダイエット関連のニュースに日本人は敏感です。一時期「バナナダイエット」が流行したときは、バナナが売り切れる店が続出しました。

「食べるラー油」でも同じ現象が起こりましたが、わざわざ通販で手に入れた人もいるのではないでしょうか。

入手しにくいもの、皆が注目しているものは手に入れたくなるのが人間の心理なのでしょう。私もテレビで紹介されていた食品を、思わず取り寄せたことがあります。

「流行のものでネットなら在庫がある」という場合は、爆発的に売るチャンスです。

Question 23

売れやすいジャンルはあるのでしょうか？

[質問頻度]
★★★★☆

ここまでは、具体的な例を出して売れやすいものを紹介しましたが、この枠にとらわれないことがじつは大切です。

というのも、**売れやすいものはライバルも注目しているので、上位表示しにくいことがある**からです。

ここからは、インターネット通販という枠をはずして考えてみます。

心理学者アブラハム・マズローの「欲求5段階説」をご存じでしょうか。**人間の欲求には段階があり、下層の欲求が満たされるごとに上の段階へと進んでいく**という説です。

いちばん底辺にある欲求が生理的欲求で、下層から順に次のようになります。

第一段階　生理的欲求　食欲・睡眠欲・性欲
第二段階　安全欲求　安全な家で暮らしたい。健康でありたい。命の危険を避けたい
第三段階　社会的欲求　社会に帰属していたい
第四段階　尊厳欲求　評価されたい。尊敬されたい
第五段階　自己実現欲求　夢をかなえたい。理想の自分でありたい

人が絶対に必要とするのが**「生理的欲求」**を満たすジャンルのものです。食べものなしでは生きていられませんね。自由になるお金が少なかったとしても、食料は誰でもが必要とするものです。

「安全欲求」は自分の身を守るための欲求です。医療、サプリメントなど健康にかけるものがここにあたります。

「生理的欲求」と「安全欲求」が満たされてはじめて、それ以上を求めるようになります。たとえば、趣味を楽しんだり、資格のために勉強したりすることです。サプリメントも、美しさを補助する目的であれば、**「尊厳欲求」**や**「自己実現欲求」**を含んでいます。

気になる商品が見つかったら、マズローの「欲求5段階説」のどの段階の欲求を満たす商品なのか、考えてみましょう。

［図表4◆3］マズローの「欲求5段階説」

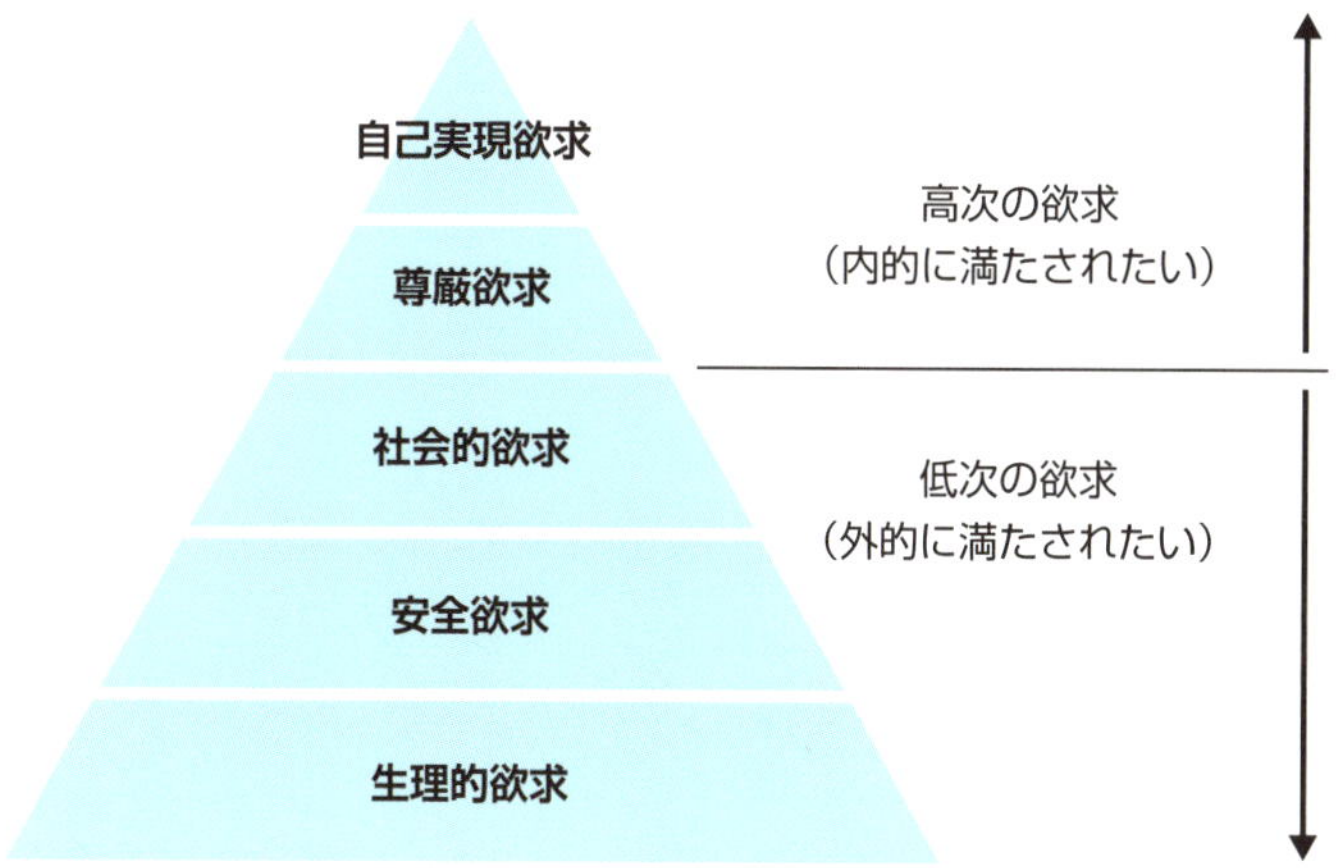

単純に「自己実現欲求」段階のものが売れにくいという話ではありません。

「自己実現欲求」のある人は、それなりに満たされていて、お金に余裕のある人です。**そういう人が欲しがる商品を探して集客すれば、成果につなげやすくなります。**

Question 24

テレビや雑誌で見た商品でアフィリエイトをしたいのですが……？

［質問頻度］★★★☆☆

テレビや雑誌などで「これはヒットしそう！」「アフィリエイトしたら稼げそう！」という商品に出会うことがあります。

そういうときはまずネットで検索してみます。出てきた検索結果の中でアフィリエイトサイトがあれば、どこかのＡＳＰに広告があるということです。

アフィリエイトサイトかどうかは、タイトルやサイト内容で判断します。

「口コミ」「評価」「おすすめ」などのワードが含まれていれば、アフィリエイトサイトの可能性が高くなります。サイト内のテキストリンクや画像リンクにマウスのカーソルをのせてみて、ウインドウの下に表示されるＵＲＬを見ればＡＳＰがわかります。

たとえば、「A8.net」の広告タグには、次のように「a8.net」という文字が入っています。

http://px.**a8.net**/svt/0000000=000000+000000+0000+00000

バリューコマースの場合は「valuecommerce.com」という文字が入っています。

http://ck.jp.ap.**valuecommerce.com**/servlet/referral?sid=000000&pid=00000000

ときどき、リダイレクト（ページの自動転送）によって、URLがアフィリエイトリンクだとわからないようになっている場合があります。そのときは次の2つの方法で調べることができます。

❶クリックしてみて一瞬表示されるリンクを見る

クリックと同時に、画面左下のURL部分に注目してください（図表4－4）。いくつかのアドレスが表示されると思います。

そのURLの中に「a8.net」「valuecommerce.com」などASPを表す文字が見えたら、ASPが特定できます。**本当に一瞬なので、がんばって目を凝らしてください。**

❷ツールで転送先のURLを調べる

リダイレクトされているかどうかとそのリンク先は、**リダイレクト検証ツール（https://www.searchengineoptimization.jp/redirect-checker）で調べることができます**（図表4－5）。

使い方は、リダイレクトされていると思われるリンクのうえにカーソルをのせ、右クリックで「リンクアドレスをコピー」します（図表4－6）。

[図表4◆4] ウインドウの左下に表示されるURL（Windowsの場合）

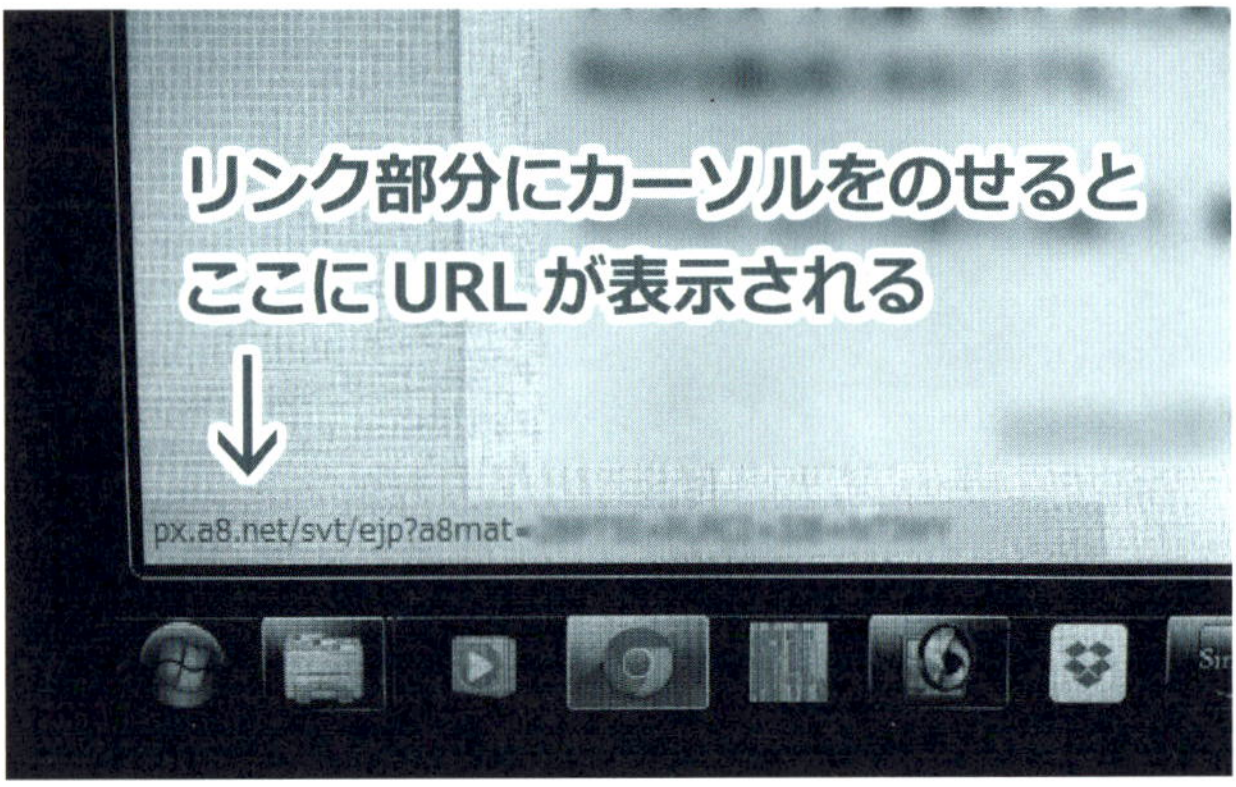

[図表4◆5] リダイレクト検証ツール

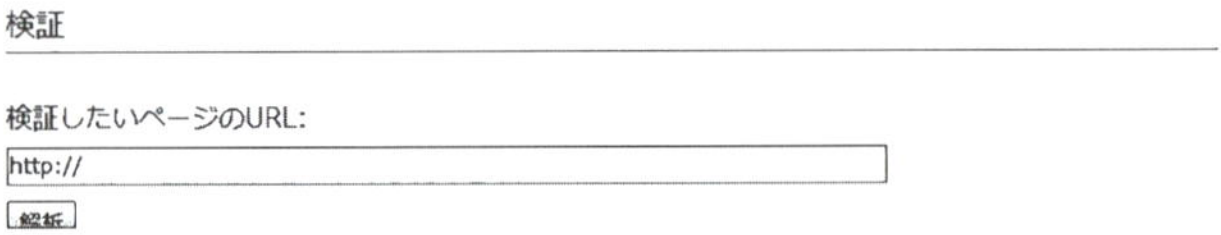

[図表4◆6] リンクアドレスをコピー（Windowsの場合）

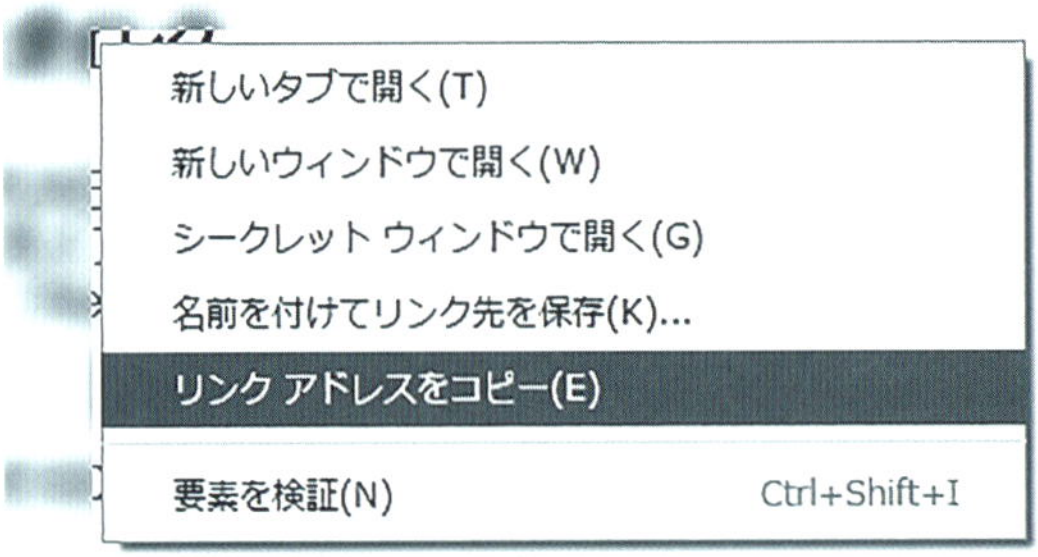

コピーしたアドレスを、リダイレクト検証ツールの「検証したいページのURL」には り付けます。あとは解析ボタンを押すだけで自動的に結果が表示されます。

こうしてASPを調べることができても、管理画面の検索結果に出てこない場合があります。クローズド案件といって、一部のアフィリエイターだけが扱える広告です。

また、過去に提携を募集していたが、いまは新規の募集をしていないケースも考えられます。

Question 25

よく知らないジャンルの広告でも扱うべきでしょうか？

[質問頻度]
★★★★★

「知らないことについて書くのは難しい」と思うのは当然のことです。

でも、私は、**自分が詳しく知らないジャンルの広告も扱っています**。広告を選ぶときに「自分が知っているかどうか」は考えていません。

たしかに、アフィリエイトは商品の魅力や使用した感想を伝えるのが仕事なので、詳しく知っていることは有利です。

しかし、私の経験上、知らないと稼げないということはありません。反対に、よく知っている商品で実際に使った感想を書いても、稼げなかったケースもたくさんあります。私は女性ですが、コスメや美容関係の商品より、メンズファッションのほうがよく売れています。理由は私にもわかりません。

ただ、男性アフィリエイターが「美容関係が苦手」というのは、イメージできます。**サイトを訪問してくれた人に共感してもらうことは大事なことですが、「知らない＝共感してもらえない」ということではありません**。

また、知っている分野だとしても、その商品に関するあなたの知識は正しいでしょうか。もしかしたら間違っているかもしれません。

たとえ知っている商品でも、正確に伝えるためには調べる作業はつねに必要です。

私は広告を決めたら、そのときから調べはじめます。**商品の「魅力」「特徴」「使い方」「デメリット」など、書くことはたくさんあります**。

「公式サイトを見ればほとんどのことはわかるので、わざわざ書く必要がないのでは？」と思うかもしれませんが、**人間は面倒なことを嫌う生き物**です。

「この商品は自分にとって、どういうメリット（デメリット）があるんだろう？」というユーザーの気持ちを考え、わかりやすく説明してあげるのがアフィリエイターの役割です。**詳しく知らなかったからこそ、同じ目線に立って説明してあげる**ことができるのではないでしょうか。

ユーザーの疑問をわかりやすく解決してあげるという点で考えると、商品について「知っている、知らない」はあまり関係がないように思います。

Question 26

ASPに載っていない商品でアフィリエイトをしたい場合は、どうすればいいですか?

［質問頻度］★★★★★

もし紹介（広告）したい商品やサービスがあっても、ASPに登録されていなければアフィリエイトはできません。

もちろん、たんにあなたが商品を紹介するホームページをつくることはできるでしょう。でも、それではアフィリエイトになりません。報酬が入ってくるしくみになっていないからです。

あなたがアフィリエイトをしようと思ったら、まずASPのサイトから紹介したい商品やサービスを探します。

もし、仲介してくれるASPがなければ、アフィリエイターは自分で企業を探して、直接広告を載せる交渉をしなくてはなりません。個別に連絡をとり、契約するのは大変です。

コンタクトできたとしても、個人アフィリエイターは大企業から相手にされないかもしれません。広告主のほうも、多数のアフィリエイターとの契約や、報酬の支払いなどの管理が大変です。

これが、アフィリエイトでＡＳＰが重要な理由です。

ＡＳＰは、こうした広告主とアフィリエイターの管理から、成果の計測システムの提供や報酬の支払いまで、一手にひきうけてくれる重要な存在なのです。

Question 27

広告の申請が通らないときはどうしたらいいでしょうか？

［質問頻度］★★★☆☆

広告を掲載するには、広告主の審査に通らなければいけません。

審査がある広告は、１週間以内に結果が出るケースが多いのですが、ごくまれに、いつまで経っても連絡が来ないこともあります。私の場合もずっと「提携申請中」で、そのまま広告が終了してしまったこともありました。

提携承認の基準や却下される理由は、どこのＡＳＰも開示していません。サイト内容を検討したうえで、ふさわしくないと判断されたためだと思いますが、これは想像でしかありません。

「どこがいけなかったのか？」「どうすれば掲載できるのか？」というのは非常に気になるところですが、これは諦めるしかないと思います。

実績を積んでＡＳＰの担当者がつくようになれば、その担当者を通して聞くこともできるのかもしれませんが、**ダメだった広告にこだわっても時間の無駄**でしょう。

広告はたくさんありますので、即時提携や提携審査に通った広告で進めていくのがいいと思います。

サイトを完全に完成させてしまっても広告の申請がおりない場合は、広告が掲載できません。

私の場合は、**サイトの大枠ができた段階か、主サイトとしているサイトで広告申請し、通った段階でサイトをつくりはじめる**ようにしています。

結論

・広告選びは「単価」「承認率」「売れるジャンル」「売れる商品」を基準に考える。
基本は、単価が高い商品で、通販でしか買えないものをねらう。コンプレックスを解消するための商品は売れやすい。
・自分の知らないジャンルの商品でも、調べてアフィリエイトすることは可能。
・提携審査に通らないこともある。理由は開示されないので、潔くあきらめる。

【第5章】

キーワード選びのコツ

キーワード選びは、アフィリエイト成功の最重要項目です。

ほかのアフィリエイターが見つけていない「お宝キーワード」を探すことができたら、大きく報酬を伸ばすことができます。

ページ数の多い大規模サイトの場合は、それほどキーワードを重視しなくても、自然と細かいキーワードからのアクセスが集まるのですが、ペラサイト（54ページ参照）の場合は、キーワード選びがとても重要になります。

キーワード選びは経験を積むことで慣れてきます。

ここでは基本の考え方を解説しましょう。

Question 28

キーワード選びが難しいのですが……

[質問頻度]
★★★★★

広告を決めたら、次はキーワードの選定をします。

キーワードとは、「その商品を買うであろう人（ターゲット）が、検索窓に入力する言葉」です。

検索したときに出てきたサイトを、上から見ていく人が多いと思います。ターゲットが検索したときに、**あなたのサイトが上位に表示されていれば、買ってもらえる確率は非常に高くなります**。

「アフィリエイトで稼げるかどうかは、広告とキーワードにかかっている」といっていいくらい、キーワードは重要です。

ただし、キーワード選びを重視するあまり、悩んでしまう人は、「考えすぎている」と感じます。結果はやってみないとわからないので、肩の力をぬいて「宝探し」のつもりでやってみてください。

まずは**「キーワード選びは難しい」という考えを捨てましょう**。

たとえば、「ハワイのいまの天気」を調べたいとき、あなただったら何と入力しますか？

「ハワイ　天気」「ハワイ　天気　現在」「ハワイ　天気　今日」「ハワイ　天候　いま」こんな感じでしょうか。

もうひとつ考えてみましょう。「アップルパイのつくり方」を調べる場合はどうでしょうか。

「アップルパイ　レシピ」「アップルパイ　レシピ　簡単」「アップルパイ　つくり方」「アップルパイ　材料」

この中にあなたの考えたキーワードはありましたか？

もしなかったとしても大丈夫です。**重要なのは、「キーワードを思いつくのにどのくらい時間がかかったか」**ということです。

10分以上かかるようなら、あなたにとって「キーワード選びは難しい」ということがいえるでしょう。でも、たいていの人はすぐに思いついたのではないでしょうか。

きっとあなたは検索者の気持ちになってキーワードを考え、これがすんなりできたということは、あなたにとってキーワード選びは難しくないということです。

いまやったことを、アフィリエイトに置き換えてみるだけです。「ハワイの天気」が広告で、「知りたいあなた」がターゲットです。

候補をいくつかあげましたが、私はどれも正解だと思います。つまり、**稼げる可能性のあるキーワードは、ひとつの広告に対して複数ある**ということです。

細かく調べれば検索数の差はありますが、いちばん稼げるたったひとつのキーワードをみつけられなくてもかまいません。

Question 29

キーワード選びのポイントを教えてください

[質問頻度]
★★★★★

誰もが思いつくキーワードは上位表示できれば稼げますが、そもそも上位表示させることが難しいものです。

しかし、逆に考えると、**「よいキーワードさえ見つけることができれば、ほかの要素は満点でなくても勝てる」**可能性が高いともいえます。はじめての人は少し難しく感じるかもしれませんが、これはとても重要です。

キーワードを選ぶときのポイントは3つあります。

それを、**「❶購買意欲が高いキーワード」「❷商品とターゲットのマッチング」「❸隣のキーワード」**に分けて説明しましょう。

❶購買意欲が高いキーワード

「購買意欲が高い」というのは、「欲しい！」「いますぐ買いたい！」という気持ちが強いことです。

「キュレル」という敏感肌用のスキンケアシリーズの化粧水を例に説明しましょう。

たとえば、「敏感肌用化粧水とは」「敏感肌用化粧水　おすすめ」より、「敏感肌用化粧水　通販」「敏感肌用化粧水　購入」のほうが、「買いたい気持ち」が強いと思いませんか？

私は、**候補にあがったキーワードを、「知りたい系キーワード」と「欲しい系キーワード」に分け、「欲しい系キーワード」から選ぶ**ようにしています。

「敏感肌用化粧水とは」「敏感肌用化粧水　おすすめ」は、関心があって調べている段階の「知りたい系キーワード」です。

もちろん「知りたい系キーワード」で検索する人の中にも潜在顧客がいるでしょう。潜在顧客を成果に結びつける方法はありますが、上級者向けなので、**まずは購買意欲を意識して「欲しい系キーワード」から選んでみてください**。

❷商品とターゲットのマッチング

これは、**需要と供給をぴったり合わせる**ということです。

お花が欲しい人に「団子おひとついかがですか？」といっても売れません（甘いものに目

がない人なら、買ってくれるかもしれませんが……)。

世の中に出ている商品やサービスには、必ず役割があります。**不便やコンプレックスを解消したり、問題を解決したり、より豊かな暮らしを実現したりする役割**です。

ターゲットを想定することで、キーワードが見えてきます。そうした、**商品の役割を求めている人をターゲットにします**。

ときどき「無料」というキーワードで有料のものを紹介しているアフィリエイトサイトを見かけるのですが、潜在顧客にアピールできるとはいえ、完全にマッチしているとはいえません。

❸隣のキーワード

「隣のキーワード」というのは私が考えた言葉で、私のキーワード選びの肝です。「隣のキーワード」とは、**商標に近い一般名称キーワード**のことをいいます。

商標は、ブランド名や商品名などの固有名詞です。「商標に近い」とは、似ているという意味ではありません。

キュレルの化粧水が欲しい人をターゲットにして、「キュレル　化粧水　通販」というキーワードで集客すれば、売れやすいでしょう。ただし、商標は「誰もが思いつくキーワード」なので、ライバルが多く上位表示が難しいのです。

そのようなときは、**「隣のキーワード」を見つけてみましょう**。

まずは「ランディングページ」（インターネット広告のリンク先となるページ）や、公式サイトを見て、商品の特徴を調べます。**その商品独自のもので、ほかの商品にはないメリットがあればベスト**です。

「キュレル」の公式サイト（http://www.kao.co.jp/curel/）を見ると、「乾燥性敏感肌」「セラミド」「弱酸性」「ユーカリエキス」などの言葉が目に留まりました。

そこで、仮に「乾燥性敏感肌」というキーワードを軸にして、「乾燥性敏感肌用の化粧品が欲しい人」をターゲットにすることにしてみます。

しかし、マイナーなキーワードを発見しても、そのキーワードに需要がなければ検索はされません。

では、「実際に検索されているかどうか」を調べてみましょう。

この確認には、「グッドキーワード」（http://goodkeyword.net/）を使います。

「グッドキーワード」は、キーワードに対して、関連して検索されている言葉（サジェスト）を表示します。**サジェストが多いほど、そのキーワードが多く検索されている**（＝需要があるキーワード）と判断できます。

サジェストが20個くらい出れば、多いほうだと判断できます（20個以上なくてもキーワードとして採用することもあります）。

[図表5◆1]「乾燥性敏感肌」のサジェスト

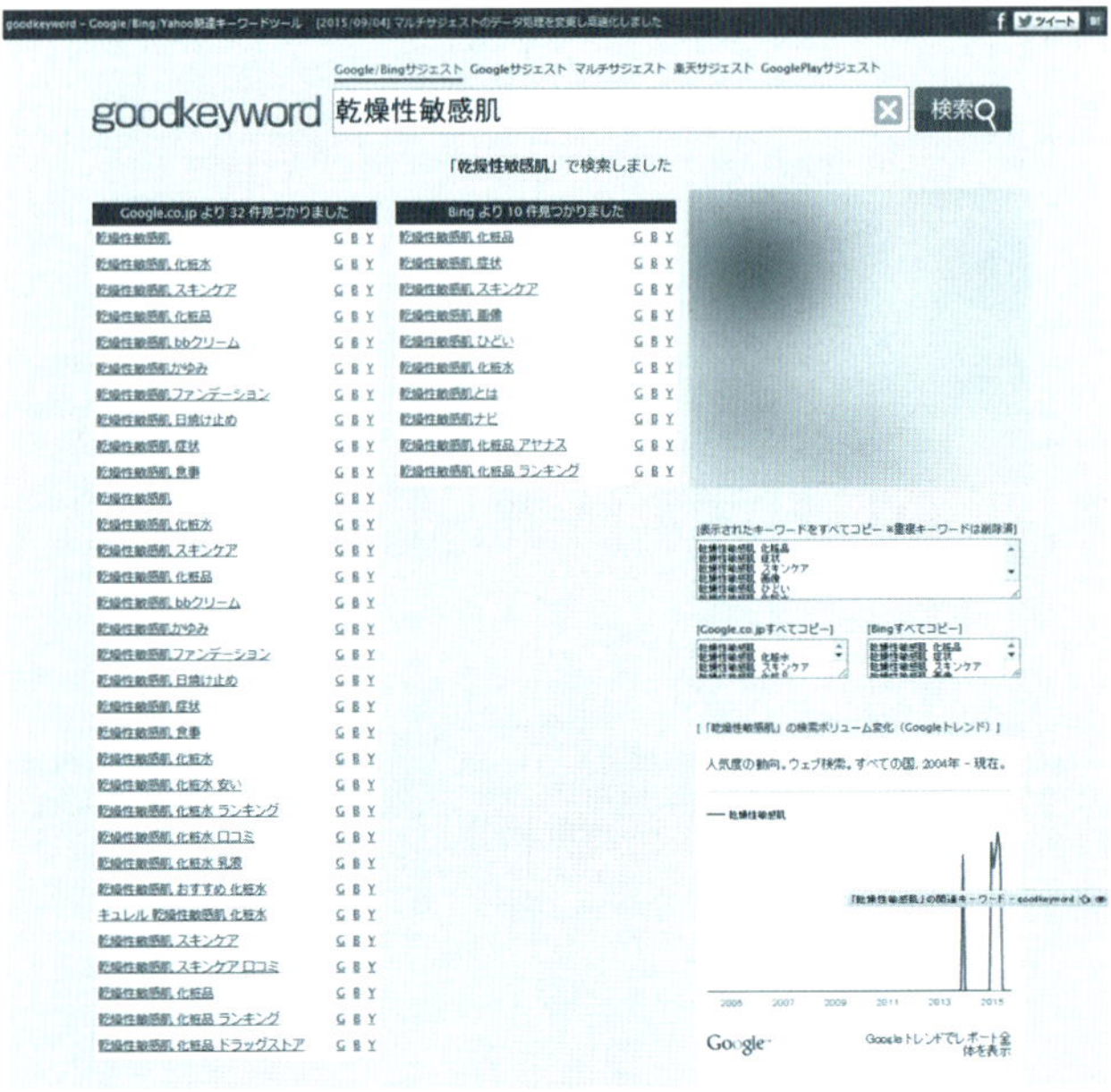

つまり、「隣のキーワード」とは、「**商品の特徴（独自性やメリット）を表した一般名称で、検索需要のあるキーワード**」ということです。

私がキーワードの相談を受けたときに感じるのが、**商標を避けて一般名称を選ぶときに、商品から遠くなりすぎていることが多い**ということです。

商品の特徴に注目し、「隣のキーワード」を意識すれば、より購買の可能性が高いターゲットを集客できるでしょう。

Question 30

キーワード選びでは「検索数」を意識するべきでしょうか？

［質問頻度］
★★★★☆

キーワード選定と同じようによくある質問が、**「検索数（検索ボリューム）はどの程度気にしますか？」**という質問です。

検索数が多いと、たくさんの人がそのキーワードについて関心があることがわかります。検索数は、Google AdWords（https://www.google.co.jp/adwords/）の運用ツール「キーワードプランナー」や、Googleトレンド（https://www.google.co.jp/trends/）で調べることができます。

たとえば、「ダイエット」は検索数の多いキーワードです。しかし、購買意欲となるとどうでしょうか。

「ダイエット」の検索数には、「ダイエットの失敗談」「ダイエットに効果的な運動」「ダイエットのリスク」などを調べたい人も含まれています。

ダイエット食品を買いたい人は「ダイエット」という「単体キーワード」より、もっと具体的な「ダイエット　ドリンク」や「ダイエット　置き換え」などの「複合キーワード」で検索するでしょう。

さらによく調べている人は、ピンポイントに商品名で検索するでしょう。**購入したい気持ちが高まっている人ほど、より具体的なキーワードで検索する**のではないでしょうか。

そのようなキーワードは検索数が少ないので、検索数の多い少ないは気にしません。**検索数よりも、キーワードの性質（「知りたい系」なのか「欲しい系」なのか）を重視**しています。

ただし、まったく検索する人がいなければ稼げませんので、**10個程度サジェストが出てくればいい**と考えています。

Question 31

「単体キーワード」にするか「複合キーワード」にするかは、どうやって判断すればいいのでしょうか？

[質問頻度]
★★★★★

「グッドキーワード」で検索し、サジェストが5～10個未満の場合は、「単体キーワード」にすることが多いです。

なぜなら、サジェストが5個程度ということは、その単語について調べる人が少ないと想定されるからです。

その単語を複合にすると、さらに検索する人は少なくなります。このあたりは完全に想像と感覚の世界です。

いまつくっているサイトは、2つか3つの語句の「複合キーワード」を狙っているものがほとんどです。理由は、**「単体＝購買意欲が高い」とは限らない**からです。Q30でも述べたように、欲求の強い人ほど「複合キーワード」で検索すると思うのです。

たとえば、「置き換えダイエット」と「置き換えダイエット　通販」では、購買意欲が高いのはどちらでしょうか。「置き換えダイエット　通販」と入力する人のほうが購買意欲は高いのではないでしょうか。

このように、**「複合キーワード」は稼げる可能性が十分にあります**。**「単体キーワード」より上位表示が簡単で、しかも購入意欲が高いキーワードがあるというのが、「複合キーワード」の魅力**です。

Question 32

検索数が多いキーワードで稼ぐのは難しいですか？

［質問頻度］
★★★★★

検索数が多いキーワードのことを「ビッグキーワード」といいます。

「ビッグキーワード」を狙うのは難しいと思いますが、避けてばかりでは道は開けません。**「ビッグキーワード」は、その多くが稼げるジャンル**だからです。

いまから「ダイエット」という「ビッグキーワード」で、上位表示させようとしても難しいですが、あなたが「『ダイエット』で1位をとって稼ぎます！」といっても、私は止めません。それは、**やってみないと結果はわからない**からです。

それに、「ビッグキーワード」は「複合キーワード」（Q31）が多いのです。この**「複合キーワード」の中で購買意欲の高いものを狙っていけば、まだまだ商機はあります**。

私が最初に月間確定報酬で100万円を超えたのも、「ビッグキーワード」の「複合キーワード」からでした。複合といってもライバルの多いワードだったので、上位表示できたのは偶然といっていいでしょう。

当たるか当たらないかは、やってみないとわかりません。サイトをつくっていなければ、偶然のラッキーもありません。

また、**「ビッグキーワード」の上位表示の難易度は、それぞれ違います**。ライバルサイトの数やサイトボリュームなど、数字で簡単に比較できるものでもありません。そもそも、ビッグキーワードだと思っているのは、たんなる思い込みかもしれません。

「『ビッグキーワード』だ（と思った）からやめておこう」と避けるのは、可能性を消してしまうことであり、もったいないことです。

「『ビッグキーワード』だと思ったけど、意外と上位表示は難しくなかった」ということ

はよくあります。

Question 33

タイトルのつけ方にはどんなコツがありますか？

［質問頻度］★★★★☆

次に、サイトのタイトルについてです。

タイトルは、インターネットの検索結果で表示される大きな青文字の部分で、いちばん目立つところです。

そのサイトに何が書いてあるのか、検索エンジンが判断するうえでも、最も重要な要素です。

サイトのソースを確認してみましょう。ソースとは、ホームページを表示させるためにプログラム言語で記述した文字列のことです（図表5−2参照）。

ソースは、サイトの画面を表示させたうえで、Control＋Uで見ることができます。

サイトのタイトルは〝<title>サイトタイトル</title>〟と記述されます。

たとえば、クックパッドのダイエットレシピページ（http://cookpad.com/search/ダイエット）のタイトルは、２０１７年7月現在「<title>ダイエットのレシピ ３５０４６品［クック

[図表5◆2]「クックパッドのダイエットレシピページ」のソース

パッド」簡単おいしいみんなのレシピが268万品</title>」となっています（図表5−2）。

「『ダイエット』『レシピ』『簡単』『おいしい』という内容が書いてありますよ」ということがわかります。

タイトルは、「❶検索エンジン」と「❷見ている人」の2つを意識してつけています。

長すぎると検索結果で省略されるので、長くても30〜32文字以内に収めましょう。

❶「検索エンジン」を意識する——キーワードを入れる

SEO（161ページ参照）の基本は、タイトルに狙うキーワードを入れることです。

キーワードを入れる位置は諸説ありますが、**タイトルの前半部分にあるほうがいい**とされています。

❷「見ている人」を意識する——クリックしたくなるタイトル

せっかく上位表示されても、クリックしてサイトを見てもらえなければ、報酬にはつながりません。**「続きが読んでみたい」「気になる」「知りたい」「有益な情報がありそう」と思わせるようにすると効果的**です。

次の2つを比べてみましょう。

- 「ダイエットレシピ」
- 「ダイエットレシピ　不器用でも10分でつくれる超簡単レシピ保存版」

最初の例はシンプルでわかりやすいですが、後ろのほうがクリックしたくなるのではないでしょうか。

少しアレンジしてみましょう。

- 「ダイエットレシピ——私の厳選メニューランキングTOP3」
- 「ダイエットレシピ——激安材料◯◯を使ったお財布にも優しいメニューとは？」

[図表5◆3] 長いタイトルは省略される

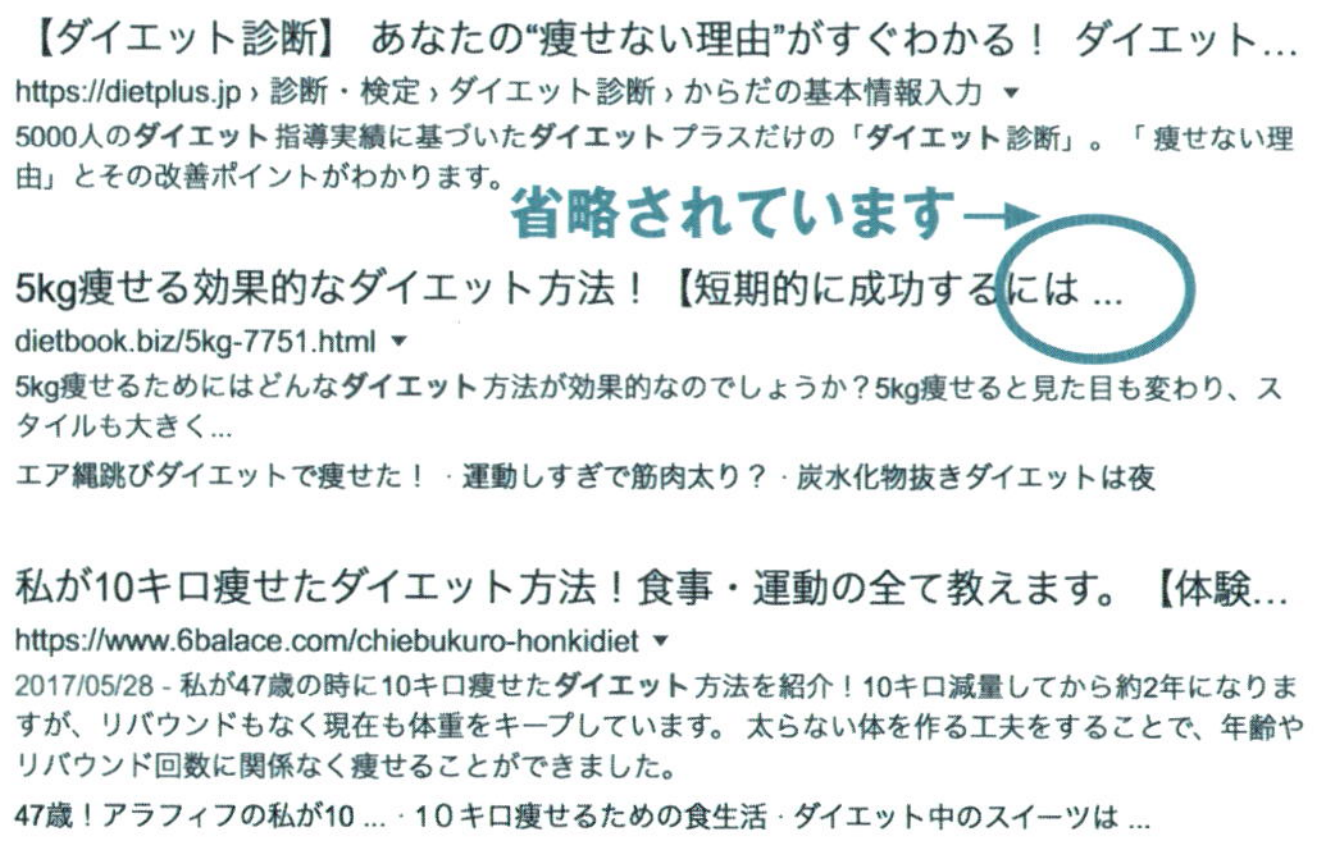
【ダイエット診断】 あなたの“痩せない理由”がすぐわかる！ ダイエット…
https://dietplus.jp › 診断・検定 › ダイエット診断 › からだの基本情報入力 ▾
5000人の**ダイエット**指導実績に基づいた**ダイエット**プラスだけの「**ダイエット**診断」。「痩せない理由」とその改善ポイントがわかります。

5kg痩せる効果的なダイエット方法！【短期的に成功するには ...
dietbook.biz/5kg-7751.html ▾
5kg痩せるためにはどんな**ダイエット**方法が効果的なのでしょうか？5kg痩せると見た目も変わり、スタイルも大きく...
エア縄跳びダイエットで痩せた！ · 運動しすぎで筋肉太り？ · 炭水化物抜きダイエットは夜

私が10キロ痩せたダイエット方法！食事・運動の全て教えます。【体験…
https://www.6balace.com/chiebukuro-honkidiet ▾
2017/05/28 - 私が47歳の時に10キロ痩せた**ダイエット**方法を紹介！10キロ減量してから約2年になりますが、リバウンドもなく現在も体重をキープしています。 太らない体を作る工夫をすることで、年齢やリバウンド回数に関係なく痩せることができました。
47歳！アラフィフの私が10 ... · 10キロ痩せるための食生活 · ダイエット中のスイーツは ...

ランキングは日本人が好きなコンテンツのひとつです。また、「○○とは?」と伏せてあると、何が書いてあるのか知りたくなります。

魅力的なタイトルにすることで、検索エンジンの1位に表示されなくても、クリックしてもらえる可能性が高まります。

「自分だったらどういうタイトルに目がいくかな?」と考えながら、実際にいろいろ検索してみてください。

Keyword Plus

「HTMLタグ」とは？

ホームページはHTMLという言語でつくられています。

どのように表示するか、指示をするのが「HTMLタグ」です。

<開始タグ>と</終了タグ>で指示することにより、間にある文字の見た目が次のように変わります。

[図表5◆4]

● HTML タグの記述例

- < font color = "#FF0000" >○○○< /font >：赤色になります
  ※ #FF0000 ＝赤色
- < strong >○○○< /strong >：太文字になります
- < u >○○○< /u >：下線がつきます
- < s >○○○< /s >：打ち消し線がつきます

など

● HTML タグの表示例

<font color="#ff0000">これは赤文字です。</font>

これは赤文字です。（※実際は赤字になります）

<strong>これは太文字です。</strong>

これは太文字です。

<u>これはアンダーラインです。</u>

これはアンダーラインです。

<s>これは打ち消し線です。</s>

~~これは打ち消し線です。~~

結論

・キーワード選びはアフィリエイトで最も重要なテクニック。基本は購買意欲が高いキーワードを選ぶ。発想力、連想力で穴場キーワードをみつけよう。

・キーワードは買いたい人の気持ちをさぐる連想ゲームだが、実際に検索されている中から探すこと。

・すぐ買ってくれそうな人を集客するには、単体のビッグキーワードより複合キーワードを狙う。

・サイトタイトルは訪問者と検索エンジン両方にアピールする。読んでみたいと思わせる魅力的なタイトルを考えるのがコツ。

【第6章】サイト（ホームページ）をつくろう

では、いよいよ実際にサイトをつくっていきます。本書では、無料ブログではなく「レンタルサーバー」を借りて、「独自ドメイン」で運用する方法を解説します。

Question 34

サーバーって何ですか？ どのような役割をしているものですか？

［質問頻度］★★★☆☆

サーバーとは、ホームページを閲覧できる状態にするために、データを置いておくスペースのことです。ユーザーは、パソコンやスマホ、タブレットなどの端末から、サーバーにアクセスし、ホームページを見ているのです。

[図表6◆1] サーバーは土地のようなもの

[図表6◆2] サーバーとホームページ

ホームページを公開するには、普通「レンタルサーバー」を借りて、作成したデータをアップロードします。

個人で自宅サーバーを運用している人もいますが、サーバーを運用するには知識が必要ですし、運用や管理、セキュリティなどに大きなコストがかかります。

レンタルサーバーは、お金を払ってスペースを借りることで、運用コストを最小限に抑えることができるので、多くの個人や企業が利用しています。

ホームページが「あなたのお店」だとすると、サーバーは「お店を建てる土地」のようなものだといえます。

Question 35

アフィリエイトをするにはブログとホームページ、どちらがいいですか？

[質問頻度]
★★★★★

Q13「アフィリエイトを始めるとき、まず準備するものは何ですか？」で、無料ブログで作成する方法を説明しました。

ここでは「ブログとホームページ（サイト）のどちらがいいか」という疑問にお答えします。まずは2つの違いについて説明しましょう。

[図表6◆3]「無料ブログ」と「ワードプレス」と「ホームページ」

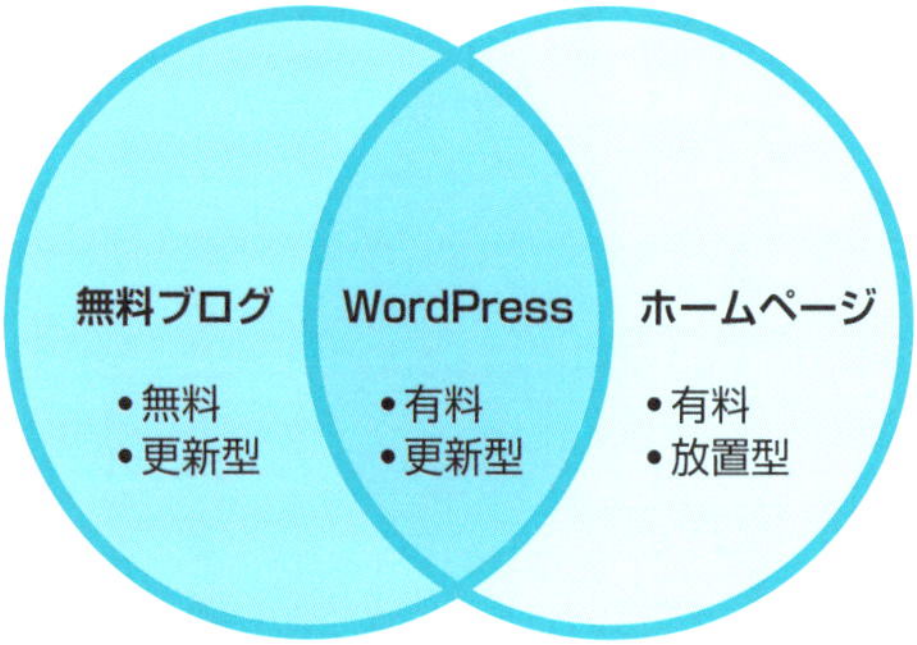

ブログには大きく分けて、「無料ブログ」と「ワードプレス（WordPress）」などドメイン代・サーバー代がかかるものがあります。ホームページと合わせると、図表6-3のようなイメージです。

「ワードプレス」とは、無料で使えるブログアプリケーションで、サーバーにインストールして使います（ワードプレス以外にもサーバーインストール型のブログはありますが、広く使われているワードプレスを代表に説明します）。

「ワードプレス」自体は、個人・企業を問わず無料で利用することができますが、PHP（ウェブ上でプログラムを動かすしくみ）やMySQL（データベース）が使えるサーバーでなければ動作しません。一般的なレンタルサーバーはほとんど対応していますが、激安のレンタルサーバーだとデータベースが使えない場合があるので、注意してください。

「ワードプレス」のメリットは、テンプレート（あらかじめデザインされた、ウェブサイトのひな型のこと。無料・有料あり）が豊富で、カスタマイズが自由にできる点です。

ホームページのようなことも見た目につくることもできるため、多くの企業でも採用されています。初心者でもテンプレートを変えるだけで、簡単にきれいなブログをつくることができます。無料ブログのように勝手に広告が表示されることもありません。

「ワードプレス」にはたくさんのメリットがありますが、私はワードプレスを使わずに「シリウス」（126ページ参照）というツールを使ってホームページをつくっています。その理由は、**「❶更新頻度」「❷カスタマイズとプラグイン」「❸管理の手間」**の3つにあります。

❶更新頻度

ブログとはウェブログ（Weblog）の略で、もとは日記を書くことを前提に開発されています。これは主観ですが、**更新しつづけないと検索上位に表示されづらくなり、ブログの価値が下がる**ように思います。

私のサイトは基本的に作成後放置するので、ブログよりホームページが適していると考えています（もちろん、ホームページでも更新することはあります）。

❷カスタマイズとプラグイン

ワードプレスは、カスタマイズ（ユーザーの好みと使い方に合わせて、システムやソフトウェアの機能などを設定し直すこと）が自由にできる点や、プラグイン（いろいろな機能を追加できるツール）が豊富にありすぎる点が、逆に難しく感じます。

見た目に凝りすぎるあまりに、中身まで手がまわらなくなることもあるかもしれません。**私の実践しているサイトアフィリエイトは、非常にシンプルなつくりのホームページですので、ベースづくりに手間をかけません**。ワードプレスで体裁を整える間に、ホームページをひとつつくることができるぐらいの感覚です。

だから、**短時間で量産が可能**になるのです。

❸管理の手間

ごくまれに、「ワードプレス」は外部から不正アクセスされ中身を改ざん（権限をもたないユーザーがデータを書き換えてしまう行為）されるという報告があります。「まれに」と書きましたが、実際に私の周囲のアフィリエイターも経験しています。

「ワードプレス」は利用者が多いことと、ソースコード（ページを構成する文字列）が誰からでも見られることが、標的にされる原因だといわれています。

改ざんを防ぐには、詳しい知識が必要です。また、**万が一のためのバックアップも必要**です。

改ざんの可能性はホームページでも考えられますが、バックアップと復旧の手間を考えて、私はホームページを多くつくっています。

以上の3つの理由から、私はホームページ形式でサイトをつくっています。

無料ブログは強制的に広告が表示されたり、突然削除されたりするなどのデメリットが大きいのでおすすめしませんが、ブログ（ワードプレス）かホームページ（サイト）かは、**自分のやりやすさやアフィリエイトスタイルに合わせて選択**していけばいいと思います。

Question
36

ドメインって何ですか？

［質問頻度］
★★★☆☆

みなさんは「ホームページアドレス」または「URL」をご存じかと思います。

それは、**ネット上の住所のようなもの**で、「http://○○○○.com/」のような文字列がそれにあたります。

そのアドレスのうちの**「○○○○.com」の部分がドメイン**です。

「.com」の部分を「トップレベルドメイン（TLD）」といいます。

「.com」以外にも、「.net」「.biz」「.info」「.ne.jp」「.co.jp」などたくさんあります。

TLDは利用目的や国別で多くの種類があり、価格もそれぞれ違います。

ドメインはそのホームページに独自に割り当てられるもので、家の住所と同じように、他サイトと重複することはありません。**同じものはないので「独自ドメイン」と呼ぶ**という理解でいいと思います。

ドメインは、ドメイン販売業者から購入します。

私はおもに「ムームードメイン」（http://muumuu-domain.com/）で取得しています。

その際、「○○○○」の部分を好きな文字（一部使えない文字や記号あり）で指定できます。

そのドメインがすでに誰かに取得されている場合、同じドメインをとることはできません。このとき「.com」以外の「.net」や「.biz」でとれる場合もあります。

「○○○○」の部分が同じ文字列でも、「.com」や「.net」が違えば、別のドメインとして区別されるのです。

Question 37

ドメインはいくつくらい必要なのでしょうか？

ドメインの数は、「あなたのお店を建てる土地の数」といえます。

［質問頻度］★★★★★

Keyword Plus

80対20の法則

私のつくったサイトの中で、**ヒットするのは2割ぐらい**です。これは「80対20の法則」にあてはまっているといえます。

「80対20の法則」とは、

・売り上げの80％は20％の社員が支えている
・売り上げの80％は20％の商品によっている

といった法則です。

「報酬の80％は20％のサイトから生まれている」と考えると、20％の部分を大きくすれば、80％も大きくなりますね。

こう考えて、怖がらずにドメイン代に投資するようになりました。

ドメインは1つ1000円前後ですが、まったく稼いでいないときにたくさんドメインを買うのは不安ですよね。

私がアフィリエイトを始めて1カ月目に購入したドメインは21個、2カ月目は35個でした。その中で稼げるようになったサイトは2割以下ですが、いまでも稼いでくれています。

現在、1000個以上のドメインを所有していますが、稼げなかったドメインは更新していません。かわりに、新しいドメインを購入しています。**一度買ったドメインも、稼げないと判断すれば更新する必要はありません。**

必要なドメインの数は、「手法」と「稼ぎたい額」によって大きく変わります。

私のような量産タイプで月額100万円以上を狙うなら、100個以上が目安になります。

一方、少数サイト運営の場合は数個で済みます。量産タイプでも、もっと少ないドメイン数で上手に稼いでいる人もいます。

ペラサイトは1サイトつくるだけで、大きく稼げるものではありません。たくさんつくっていくうちに、ヒットするサイトが出てきて、トータルの報酬が積み上がっていきます。

1年前につくったサイトから突然、売れ出すこともありますが、最初から大当たりを引くのは難しいでしょう。

Question 38

「サブドメイン」を使うと、ドメイン代が安くなると聞いたのですが？

［質問頻度］
★★★☆☆

アフィリエイトで複数のホームページをつくる場合、**「サブドメイン」を使って複数サイトをつくると、ドメイン代が少なくて済みます**。

例をあげると、Yahoo! JAPAN（https://www.yahoo.co.jp/）のニュースページ（https://news.yahoo.co.jp/）の「news.」の部分が「サブドメイン」にあたります。

「サブドメイン」はひとつのドメインの中にいくつも部屋をつくって、それが個別のサイトとして認識されます。

たとえば、「大きな建物」（ドメイン）があって、「複数の部屋」（サブドメイン）をつくって、

［図表6◆4］ドメインとサブドメイン

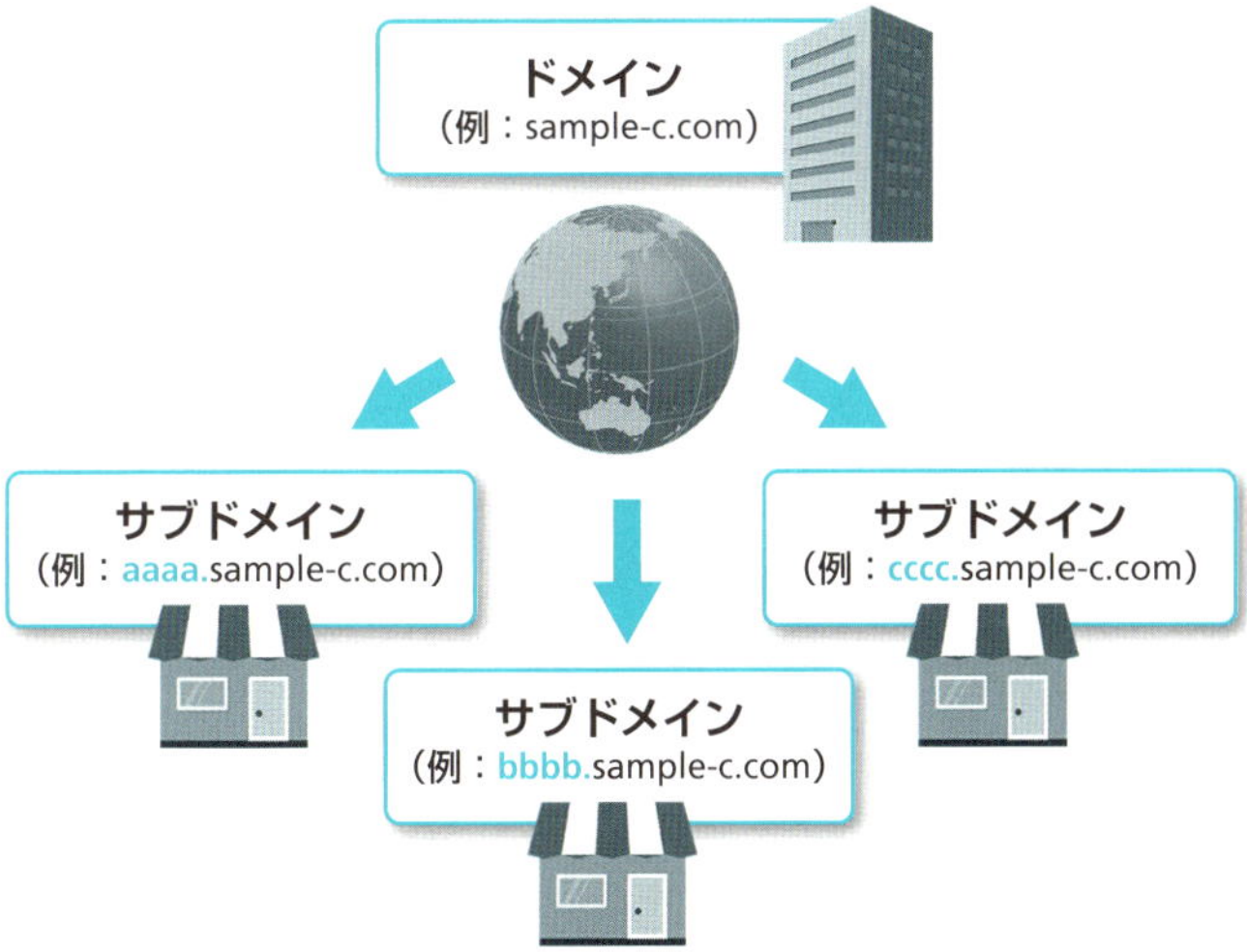

「違う世帯」（複数サイト）が住んでいるイメージです。

しかし、**メインとなる「ドメイン」の順位が下がった場合、「サブドメイン」も影響を受ける可能性がありますので**、私の場合は「サブドメイン」をつくらずに、**1サイト1ドメインで作成**しています。

つまり、「ドメイン」を区切って複数サイトをつくらない、**「一世帯」（1サイト）で「建物全体」（ドメイン）を使うほうが、リスクが少なくて済む**のです。

Question 39

「日本語ドメイン」が注目されているようですが、どんなメリットがあるのですか？

［質問頻度］★★★★☆

「日本語ドメイン」とは「○○○○.com」の○○○○部分が、ひらがな、カタカナ、漢字のドメインのことです。

たとえば、「http://日本語.jp/」がそうです。

「http://日本語.jp/」と「http://nihongo.jp/」を比べてみると、日本語のほうがわかりやすいですね。日本人にとって**「日本語ドメイン」は、目に入りやすく覚えやすいというメリットがあります**。

また、検索結果で**検索キーワードが太字になるので、目立ちます**。

こういった特徴から、**「日本語ドメイン」はアフィリエイターや多くの企業から注目されています**。

検索結果で目立つことは非常にメリットがあるので、私もよく使っています。

もうひとつ感じているメリットは、**上位表示までの期間が短い**ことです。

新規ドメインはエイジングフィルターといって、しばらくは上位表示されない傾向があるといわれています。エイジングフィルターは、存在の有無自体が議論されていますが、「つくりたてのサイトは上位表示されにくい」と感じている人が多いのは事実です。

これに対して日本語ドメインは、**かなり早い時期でも上位表示されるのを確認しています**。つくって1週間ほどで10位以内に表示されるケースもあります。

いまのところ上位表示されやすく、目立つことでメリットが多い日本語ドメインですが、反面、サイト内容とドメインに使われている語句が違うと、大きな違和感を与えてしまいます。

このことから、**ドメイン名とまったく違うサイトへの改変がしづらいというデメリットもあります**。そのため、違うテーマのサイトをつくる場合は、新たなドメインを取得するのがいいでしょう。

また、**「日本語ドメイン」を使うときは、サーバーが対応しているかどうか、事前に確認が必要**です。

ほとんどのサーバーは、使用可否について「Q&A」に記載していますので、確認するようにしてください。

Question 40

「中古ドメイン」って何ですか？どんなメリットがあるのですか？

［質問頻度］★★★★☆

「中古ドメイン」とは、過去に誰かが使用していたドメインで現在は使われていないドメインのことです。「オールドドメイン」とも呼ばれます。

「中古ドメイン」は運営歴が長く、そのドメインにリンクがついている場合がありSEO（161ページ参照）に有利であるといわれているため、利用しているアフィリエイターがたくさんいます。

「中古ドメイン」はSEOに有利に働くと期待できる反面、リスクもあります。それは、**過去にペナルティを受けていたり、質の悪いリンクがついていたりして、上位表示されない場合がある**ということです。

つまり、**「中古ドメイン」は、メリットもあるがデメリットもある**という点を理解して使う必要があります。

取得しようとする「中古ドメイン」にリスクがあるかどうかは、過去の運営履歴を調べることである程度予測することはできますが、それでも完璧にリスクを回避することはできません。

「中古ドメイン」は「上位表示されればラッキー」という気持ちで、**気合いを入れたメインサイトには使わないほうが安全**でしょう。

取得しようとする「中古ドメイン」で、過去にどのようなサイトが運営されていたのかを調べるには、「Wayback Machine」(http://archive.org/web/)というサイトでURLを入力します。

そこで表示される過去のページを確認して、悪質なサイトでなければ試してみる価値があるといえるでしょう(ただし、ウェブ上のデータがすべて保存されているわけではないので、見ることができないものもあります)。

Question 41

レンタルサーバーを選ぶときに注意することはありますか?

[質問頻度]
★★☆☆☆

サイトを量産するアフィリエイトをするときに最初に見て欲しいのは、**ひとつのサーバーで複数のドメインを管理できる「マルチドメイン」に対応しているかどうか**と、その**「マルチドメインの数」**です。

マルチドメインが無制限なら、サイトの量産に向いています。

私のおすすめは、マルチドメイン無制限で「MySQL（データベース）」が使えるレンタルサーバーです。MySQLとは、「ワードプレス」を運用するために必要なものです。

マルチドメイン無制限のレンタルサーバーはいくつかあって、**利用者に人気の「ロリポップ」は「エンタープライズプラン」が無制限**です。

私が使いやすいと思うのは「エックスサーバー」です。**「エックスサーバー」は「コントロールパネル」と呼ばれる操作画面が見やすいため、初心者でも迷うことなく使えます**。操作がわからないときや困ったときの問い合わせの返信も早く、安心感があるという評判どおり、使いやすいサーバーのひとつです。

レンタルサーバーは、月額数百円～数千円で借りることができます。

私が借りているサーバーの中で最も安いのは、「ロリポップ」（https://lolipop.jp/）の「エコノミープラン」で、月額１００円（税別）です。

また、メインで使っている「エックスサーバー」（https://www.xserver.ne.jp/）の「X10プラン」は、マルチドメイン無制限で12カ月払いにすると月額１０００円（税別）です。

「ワードプレス」（112ページ参照）というブログを使いたい場合は、MySQLが使えるかどうかチェックします。「ロリポップ」の「エコノミープラン」は激安なのですが、MySQLが使えません。

月額費用とマルチドメイン以外に比較するポイントとしては、次のような点があります。

・初期費用（月額とは別に最初だけかかる費用）
・ディスク容量（レンタルサーバー内に自分のデータを保存できる容量）
・PHP（ウェブ上でプログラムを動かすしくみ）が使えるか
・MySQLが使えるか
・データ転送量（サーバーとホームページを閲覧しているユーザーの間で転送されるデータ量）
・自動インストール（ワードプレスなどを簡単に設置できます）ができるか

私は現在、7社のレンタルサーバーを使っていますが、動画などを多用しないシンプルなアフィリエイトサイトの場合は、サーバーに対する負荷も大きくないので、標準のもので問題なく使えています。

動画などを大量に扱うサイト、アクセスの集中するサイトの場合は、ディスクスペースや転送量が多いほうがいいでしょう（ここで紹介しているサーバーのプラン・金額は、2017年8月現在のものです）。

Question 42

初心者がサイトを作成するときに使用するソフトでおすすめのものはありますか？

［質問頻度］★★★☆☆

ドメイン、レンタルサーバーが決定したら、いよいよサイトをつくります。

アフィリエイトに特化したサイト作成ツールには「シリウス（SIRIUS）」（http://sirius-html.com/）があります。ツールとはソフトの一種で、パソコンを動かすための便利な道具のことです。

有名なホームページ作成ソフトといえば、「ホームページ・ビルダー21」（http://www.justsystems.com/jp/products/hpb/）や「ドリームウィーバー」（http://www.adobe.com/jp/products/dreamweaver.html）などがあります。

私はどちらも使ったことがありますが、**操作の簡単さとアフィリエイトに特化している点で考えると、「シリウス」が圧倒的に使いやすい**と思います。

「シリウス」は、超初心者の人でも簡単にアフィリエイトサイトができるように開発されています。編集画面では、ブログの入力ページと同じように、文章や画像の配置、文字の色・サイズ・太さ調節ができます。

基本的なＨＴＭＬタグ（１０７ページ、「Keyword Plus」参照）は知っておいたほうがいいですが、**HTMLがまったくわからない人でも直感的に使えるのが「シリウス」の特徴**です。

使っているうちに、基礎的なタグを覚えることができるでしょう。

視覚的に操作できるので、はじめてでも迷うことが少なく、使い方がわからなくなったときは、「シリウスサポートフォーラム」で質問すると、ユーザーやサポートから回答が寄せられます。

フォーラム内の過去の質問を検索することで、すぐに解決できたことが何度もありました。

「シリウス」以外のツールを使っているアフィリエイターもいますが、**私がいちばんおすすめするのは「シリウス」**です。

「シリウス」は通常版で、1万8800円(税込)です。ここで紹介したそのほかのツールも有料のものになりますので、値段なども考慮しながら検討しましょう。

Question 43

ユーザーにとって見やすいサイトとは、どういうものでしょうか?

[質問頻度]
★★☆☆☆

いろいろなサイトを見てみると、ページのデザインやレイアウトはさまざまです。

見やすさで注目してほしいのは、**「❶カラム」**と**「❷文字の大きさや色と背景色」**です。

❶カラム

レイアウトでまず注目してほしいのがカラムです。

「カラム」とはホームページの段組のことです（図表6－5、図表6－6）。**よく使われているのは「カラム」は1カラム、2カラム、3カラムです。**

Ｙａｈｏｏ！のトップページは「3カラム」で、ニュースページは「2カラム右サイドバー」が採用されています。

私はほぼ「1カラム」でつくっています。理由は、**「出口（アフィリエイトリンク）が多いほどユーザーは迷う」**からです（図表6－7）。

また、最近はスマホユーザーの購入が多いので、小規模サイトで「2カラム」にする必要はないと感じています。

サイトの記事を読んでもらうだけでは、売り上げになりません。

報酬を得るには、リンクをクリックして、広告主のサイトへ行ってもらう必要があります。極端にいうと、サイトの記事を読んでくれなくても、**広告主のサイトへ行ってくれさえすればいい**のです。

最悪なのは、せっかく訪問してくれたユーザーが検索結果に戻ってしまうことです。**「このホームページはわかりにくいな」と思わせないように、誰が見てもわかりやすい構造にするのはとても重要**です。

[図表6◆5] カラムの種類

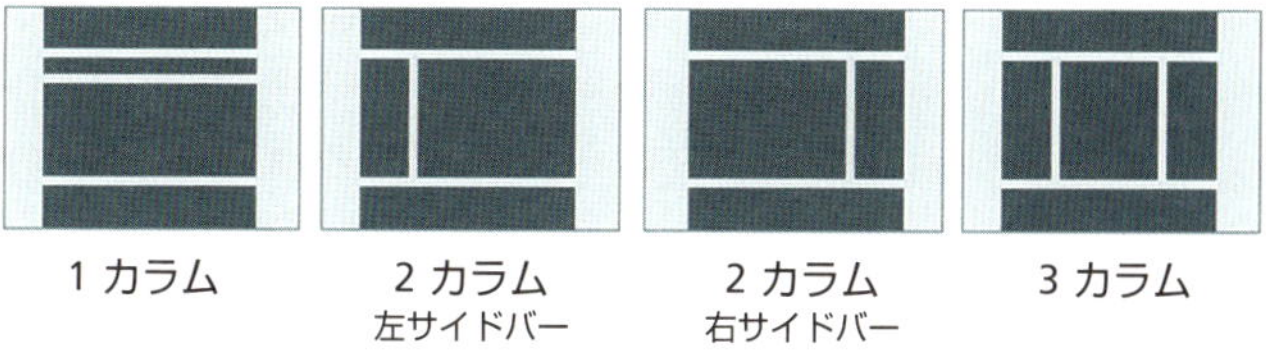

[図表6◆6] カラムの例

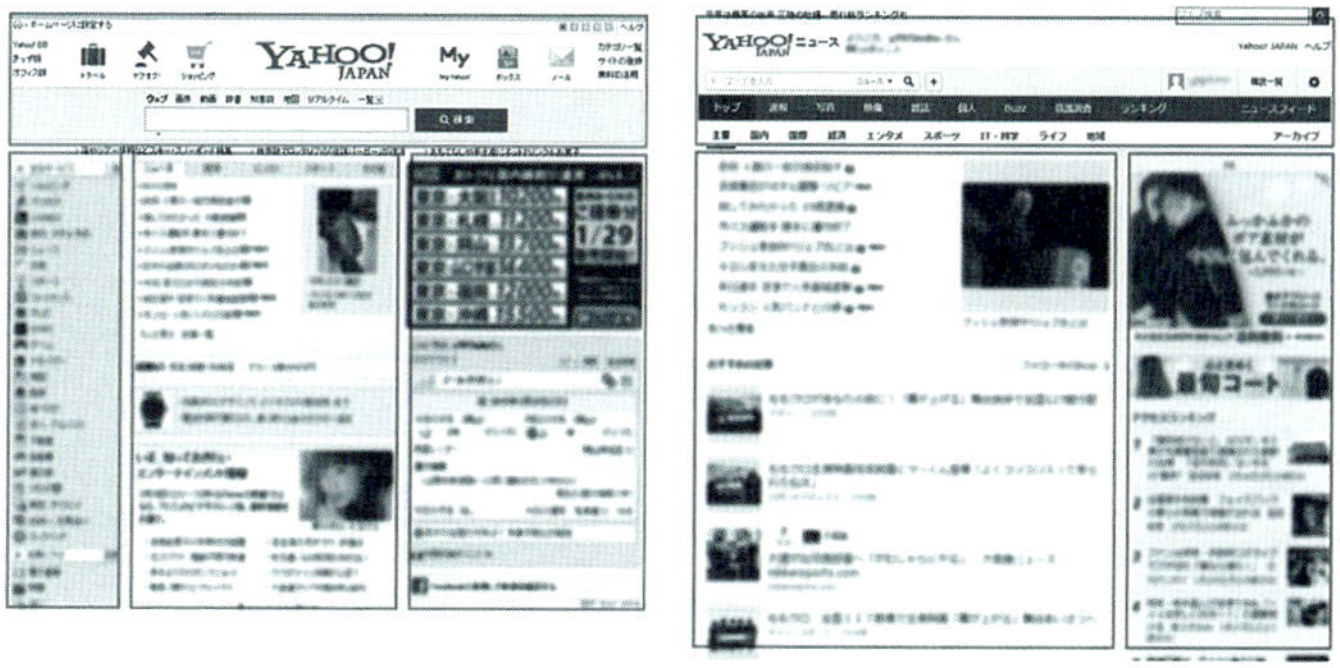

[図表6◆7] ユーザーの目の動き

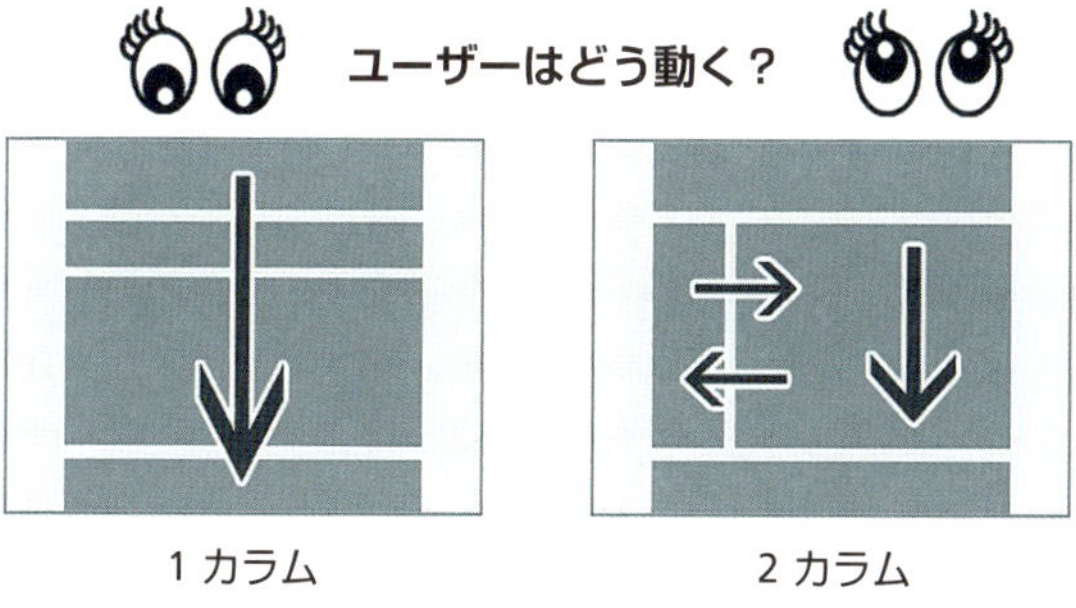

ホームページをつくる側になると、多くのサイトを見るようになります。自然といろいろなパターンのレイアウトに慣れていくでしょう。この**「慣れ」が危険**です。

慣れてくると、少々複雑なサイトでも、見たい情報がどこにあるのか、すぐに探せるようになります。そうすると、インターネット初心者の気持ちがわからなくなり、つい凝りすぎてしまいます。

しかし、ユーザーは慣れている人ばかりとは限りません。

普段はインターネットを使うことがなく、たまたまテレビで見かけた商品が気になって検索しているだけかもしれません。あなたのサイトに来てから**広告主のサイトへ行くまで、誘導してあげる必要**があります。

「1カラム」は上から下に自然と読んでいくので、出口へ誘導するのが最も簡単です。

「見やすさ＝わかりやすさ」を意識して、サイトの中で迷子にさせないようにしましょう。

❷文字の大きさや色と背景色

文字の大きさや色、背景色で気をつけているのは、おしゃれに見せることではありません。視力の悪い人や年配の人には大きめの文字のほうが見やすいでしょう。また、文字の色と背景の色のコントラストがはっきりしているほうが見やすくなります。

私は基本的に文字の色は黒もしくは濃いグレーで、記事部分の背景の色は白、リンクの文字色は青にしています。リンクの色を青にするのは、GoogleとYahoo!のリンクが青色だからです。**ホームページの閲覧に慣れていない人でも、「ここがリンクだ」とわかるようにしています**。

ときどき、薄いグレーの小さな文字でビッシリと書いてあるホームページを見かけますが、読んでいると目が疲れたり、長く読むのがつらくなったりすることがあります。

アフィリエイトサイトは、読んでもらいリンク先のランディングページに行ってもらうことが目的なので、**「見やすさ（読みやすさ）」「わかりやすさ」を第一に考える**ようにしましょう。

Question 44

サイトの規模はどれくらいがいいのでしょうか？

［質問頻度］
★★★★☆

私は、サイトのほとんどを「ペラサイト」でつくっています（54ページ参照）。ペラサイトのままで終わることもあれば、あとから記事を追加して30ページ以上になることもあります。

選んだ商品やキーワードが実際に売れるかどうかは、やってみないとわかりません。**ま**

ずは、サイトをつくるスピードを重視しています。

大規模サイト（ページ数の多いサイト）はSEO（161ページ参照）上有利かもしれませんが、つくり上げるのに時間がかかります。途中で挫折するより、7割程度の完成度でもいいので、**とにかくインターネット上に「あなたのお店」をオープンさせましょう**。

最初は小さなお店でも、ページを増やしたり記事を更新したりして、あとからいくらでも大きくすることはできます。大きなサイトをつくろうとすると、ページ構成など決めることがたくさんあって、慣れないうちは手が止まってしまいます。

その点、**「1ドメイン＝1キーワードのペラサイト」はとてもシンプルで、キーワード選びの感覚が鍛えられる方法**です。

ペラサイトでコンスタントに売れる商品があれば、その商品を別の角度から集客する新たなキーワードを探して、またペラサイトをつくる、もしくは、大規模なサイトをつくってみるなど、いろいろな方向に広げることができます。

ペラサイトにはもうひとつメリットがあります。それは、**SEOの変動によるリスクの分散**です。

ページ数の多い大規模サイトはSEOに強いといわれていますが、それでも絶対ではありません。アフィリエイトの仲間内でも、「大事に育てていたサイトの順位が下降した」という話はよく聞きます。

少数のサイトに収益を頼っていると、順位が落ちたとき、収入に大きく影響します。**サイトを複数所有するメリットは、「一部のサイトが落ちても、ほかのサイトがある」という安心感**にあります。

実際に私は、季節もののペラサイトを数多くつくっています。

「夏だけ」「冬だけ」というサイトは、その季節限定でしか売り上げがありませんが、違う季節に売れるサイトがあるので、**トータルで見ると報酬は安定**しています。

夏がメインのシーズン商品を扱う大規模サイトをつくっていて、1年の半分以上を夏場に稼いでいるアフィリエイターもいます。このように、年収分をワンシーズンで稼ぐというやり方もあります。

その人のアフィリエイトスタイルによって、サイト規模にどれが正しいという正解はありません。**サイトを運営しながら、自分のスタイルを見つけていってください**。

Question 45

楽天市場やAmazonで売っている商品でも売れますか？

[質問頻度]
★★★★☆

アフィリエイトしようとする商品が、楽天市場やAmazonなどの大手通販サイトで売っている場合、「普通はそこから買うのでは?」と思うかもしれませんね。

私も「ほとんどの人が楽天で買うから、公式サイトでは売れないだろう」と思っていました。でも、じつはそうでもないようです。

世の中には楽天市場の会員でない人もたくさんいますし、たまたま出てきた検索結果で気になるサイトを開いて、そこから買う人もいます。

私は、**楽天市場で売っているから売れないと決めつけるのではなく、公式サイトだけのメリットや特典があるかチェックして、アフィリエイトする**ようにしています。

とくにテレビショッピングで話題の商品は、取り扱いサイトによって、セット内容・特典・割引率が違うことがあります。**各サイトを比較してメリットを訴求することで、購入につなげる**ことができます。

明らかに楽天市場やAmazonのメリットが大きい場合は、公式サイトをおすすめする理由がないので、アフィリエイトしないこともあります。

アフィリエイトするかどうかは、**各ショッピングサイトの詳細を比較して判断する**といいでしょう。

Question 46

「Amazonアソシエイト」「楽天アフィリエイト」は商品が多い分、稼げますか?

［質問頻度］★★★☆☆

「Amazonアソシエイト・プログラム」は、Amazonで販売されている商品を紹介するアフィリエイトです。Amazonで販売されている1億点以上の商品から、好きなものを選んで掲載できます。

もらえる報酬（紹介料）は、売れた商品の0・5～10％で、1個の売り上げにつき1000円（税別）という上限があります。

家電、ゲーム、書籍、生活雑貨などありとあらゆる商品を扱うことができるのですが、**報酬の額から見ると、とても少ない**です。

たとえば、「本が好きだから書評ブログで稼ごう!」と思っても、書籍の紹介料は3％です。

1000円の書籍1冊で、30円の報酬です。月に10万円以上稼ごうとしたら、3333冊以上の書籍を販売しなければなりません。書籍の販売金額にすると、333万円以上です。

「Amazonアソシエイト・プログラム」では、自分が紹介していない商品でも「ついで買い」された商品の売り上げも紹介料が発生しますが、DVDやゲームで2％、フィギュアで0・5%と決して高くはありません。

ほかにも、**簡単にできるアフィリエイトとして「楽天アフィリエイト」があります**。

こちらは原則として、報酬が現金ではなく楽天ポイントで支払われるため、注意が必要です。

そして、「Amazonアソシエイト・プログラム」と同じく、紹介している商品以外の商品が売れてもポイントがもらえるので、思いがけない商品がついで買いされるメリットがあります。

しかし報酬の料率は低く、多くのショップは1%です（ショップごとに料率は異なります）。

「楽天アフィリエイト」は、売り上げに応じた料率ランクがあり、ショップによっては報酬率を高く設定しているところもあります。売り上げを上げれば、それだけ報酬が多くもらえるしくみもあるのですが、全体的に報酬の額は低いといえます。

また、獲得報酬が3000ポイント以下は楽天スーパーポイントで、3000ポイントを超えた分は、楽天キャッシュで支給されます。

楽天スーパーポイントは、楽天市場での買いものや、コンビニやガソリンスタンド、飲食店などで使えます。楽天キャッシュは電子マネーで、楽天市場などで利用できるのですが、換金するには楽天銀行の口座が必要で、所定の手数料がかかります。

「A8.net」のようなASP（44ページ参照）を使えば、1件売れて1000円以上もらえるプログラムはたくさんあります。

実際に稼げる報酬額や作業の効率を考えると、**「Amazonアソシエイト・プログラム」や「楽天アフィリエイト」では、大きくは稼ぎづらい**といえるでしょう。

Question 47

サイトにはどのような記事を書けばいいのでしょうか？

［質問頻度］★★★★★

アフィリエイトは、**商品やサービスの特徴、メリット・デメリット、使用感などを消費者の立場に立って紹介します**。

ホームページの存在意義は、「訪問者が探している答えを返してあげること」です。これは一般のサイトでもアフィリエイトサイトでも同じです。

- ○○が欲しい人に、購入できるところ（サイト）を教えてあげる
- ○○について調べている人に、それについて教えてあげる、もしくは詳しいページを案内する
- 問題を抱えている人に、解決方法やそのヒントを教えてあげる

このように、**訪問者の役に立つ情報を提供してあげる**ことです。

どんなにすばらしい主張をしても、多くの情報があっても、訪問者の求めているものがそこになければ役に立ちませんし、稼げません。

あなたはインターネットを使って、買いものや調べものをしたことがありますか？

自分が実際にネット通販で買いものをしたり、サービスを申し込んだりしたときのことを思い出してみると、わかりやすいでしょう。

サイトに書く内容は、次のようなことを原則とします。

- ・「ものが欲しい人」には「購入できるところ」
- ・「情報が知りたい人」には「詳しい情報」
- ・「問題を解決したい人」には「解決方法」

ポイントは、「訪問者の気持ち」です。**訪問者の気持ちは、キーワードで推測できます**。

例として、「美白化粧水」の複合キーワードで、検索する人の気持ちを考えて図表6-8にまとめてみました。

もちろん、他人の気持ちを推測でいい当てることはできませんが、キーワードからある程度、想像することはできます。

［図表6◆8］美白化粧水の複合キーワード

- 「美白化粧水　おすすめ」
  →おすすめの美白化粧水が知りたい
- 「美白化粧水　商品名○○　送料無料」
  →○○という美白化粧水を送料無料で買えるところが知りたい
- 「美白化粧水　乾燥」
  →乾燥を防ぐ美白化粧水が知りたい
  →美白化粧水は乾燥するのか？　疑問に思っている
  →美白化粧水を使って乾燥して困っている
- 「美白化粧水　効果」
  →美白化粧水の効果が知りたい
  →美白化粧水は効果があるのか？　疑問に思っている

なかには、欲求をうまく言葉（キーワード）にできない人もいるでしょう。

「俺はバレンタインチョコなんていらない！」といいながら、じつはすごく欲しいと思っているような天邪鬼な人もいるかもしれませんが、そういうケースは慣れるまで考えなくてかまいません。

もしも「まったく気持ちがわからない」なら、自分に置き換えて**「自分ならどういう気持ちでこのキーワードで検索するのか」だけに絞って考えてみてください**。自分のこととして考えると、また違った見方になるかもしれません。

このように、**サイト内に書く内容は、キーワードから読み取った訪問者の求めているものの答え**です。

最初は難しくても、日頃からキーワードと検索者の気持ちについて考えていると、次第に悩まずに書けるようになってきます。

Question 48

サイトをつくるときに気をつけるのは、どんなことですか？

［質問頻度］
★★★☆☆

私がサイトをつくるときに心がけているのは、**「❶サイトタイトルと内容がずれないようにすること」**と**「❷誰が見てもわかりやすくすること」**の2つです。

とくにサイトの上部は、訪問者が「このサイトは見る価値があるかどうか」を一瞬で判断する部分なので、重要です。ここで「読む価値がない」と判断されてしまうと、訪問者はあなたのページを閉じてしまいます。

テーマに関連するイラストや画像でインパクトを与えつつ**「求める情報がある」と印象づけるのも有効**です。

❶サイトタイトルと内容がずれないようにする

タイトルを見て訪問してくれた人は、**サイトに「期待」をもっています**。その期待にきちんと応えられるような内容を考えます。

重視するのは「サイトの見た目」よりも「文章」です。

冒頭（訪問者が最初に目にする部分）で、**「私の欲しい情報はこのサイトに書いてある！」と**

訪問者の心をつかむことが大切です。

冒頭部分をうまく完成させても、長い文章を書いていると途中で趣旨がずれてくることがあります。書き終わったら、タイトルと内容が一貫しているか、必ず読み返しましょう。

チェックするポイントは、**「キーワード → サイトタイトル → サイト内容 → 広告」の流れが自然につながるか**どうかです。

実際に検索結果で見かけたサイトで、極端な例を紹介します。「〇〇ランキング」というタイトルなのに、サイト内にランキングがないのです。

「ランキング」というのは人気のキーワードなので、これを使えば注意をひけると思ったのでしょう。訪問者の目で見れば、こんなに不自然なことはありません。

次に、**「売り込みすぎていないか」をチェック**してください。

アフィリエイターが文章を書くと、「売りたい」という気持ちが出すぎてしまう傾向があります。**過度に売り込みをするのは逆効果**なので、訪問者の目線で読み返す作業は重要です。

❷誰が見てもわかりやすくする

文章は、中学生が読んでも理解できるように意識して書いています。大人がターゲットのアフィリエイトサイトでも同じです。

[図表6◆9] サイトのつくり方のコツ

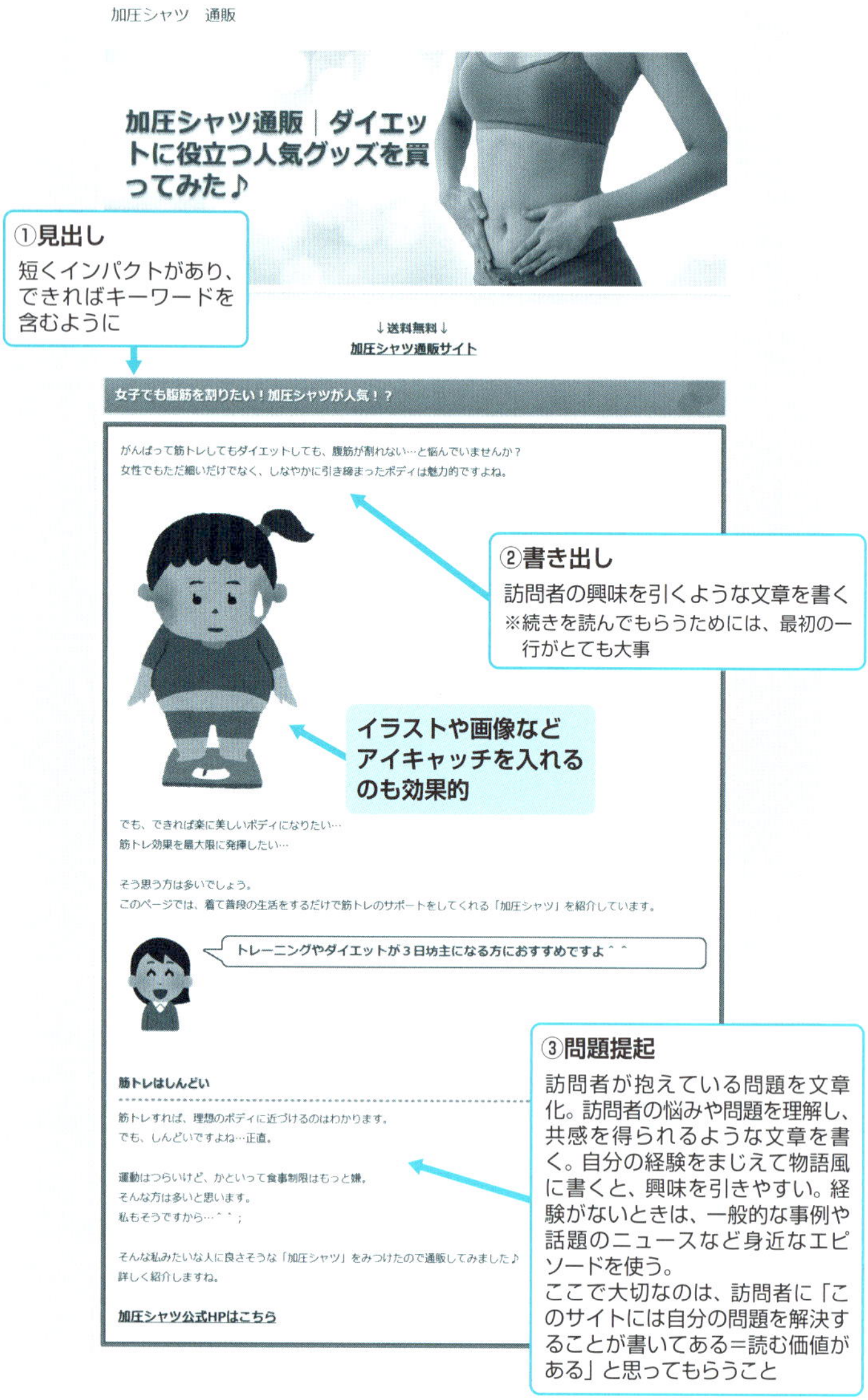
加圧シャツ　通販
加圧シャツ通販｜ダイエットに役立つ人気グッズを買ってみた♪
①見出し
短くインパクトがあり、できればキーワードを含むように
↓送料無料↓
加圧シャツ通販サイト
女子でも腹筋を割りたい！加圧シャツが人気！？
がんばって筋トレしてもダイエットしても、腹筋が割れない…と悩んでいませんか？
女性でもただ細いだけでなく、しなやかに引き締まったボディは魅力的ですよね。
②書き出し
訪問者の興味を引くような文章を書く
※続きを読んでもらうためには、最初の一行がとても大事
イラストや画像などアイキャッチを入れるのも効果的
でも、できれば楽に美しいボディになりたい…

筋トレ効果を最大限に発揮したい…

そう思う方は多いでしょう。

このページでは、着て普段の生活をするだけで筋トレのサポートをしてくれる「加圧シャツ」を紹介しています。

トレーニングやダイエットが3日坊主になる方におすすめですよ^^

筋トレはしんどい
筋トレすれば、理想のボディに近づけるのはわかります。

でも、しんどいですよね…正直。

運動はつらいけど、かといって食事制限はもっと嫌。

そんな方は多いと思います。

私もそうですから…^^；

そんな私みたいな人に良さそうな「加圧シャツ」をみつけたので通販してみました♪

詳しく紹介しますね。

加圧シャツ公式HPはこちら
③問題提起
訪問者が抱えている問題を文章化。訪問者の悩みや問題を理解し、共感を得られるような文章を書く。自分の経験をまじえて物語風に書くと、興味を引きやすい。経験がないときは、一般的な事例や話題のニュースなど身近なエピソードを使う。

ここで大切なのは、訪問者に「このサイトには自分の問題を解決することが書いてある＝読む価値がある」と思ってもらうこと

加圧シャツとは？

加圧シャツとは、体にフィットするシャツです。
圧迫感のない程度の力で長時間筋肉を刺激することで、トレーニングのような引き締め感があります。

また、姿勢の悪い方、猫背の方は、背中部分を加圧シャツがサポートすることで、美しい姿勢をキープする助けになります。
体に歪みがあると、筋肉の付き方のバランスが崩れたり、よけいなところに脂肪がつきやすくなりますからね。

④解決策
商品の紹介。解決方法として商品やサービスを紹介する

加圧シャツはどんな方におすすめ？

- 加圧シャツは以下のような方におすすめです。
- 女性らしい美しいボディラインになりたい
- 運動が苦手で続かない
- ダイエットに挑戦しても痩せない
- 忙しくてダイエットやトレーニングの時間がない
- 今年の夏はどうしても水着が着たい
- ダイエットサプリやダイエット食品では効果がなかった

⑤書く内容の例
- なぜその商品が役立つのか
- その商品を使うメリット
- 誰でも簡単に使えるか
- 商品のこだわり
- 類似商品がある場合、紹介する商品の優位性
- その商品にデメリットはあるか
- 購入はどこでできるか
- 安く購入する方法

加圧シャツは着ているだけなので、誰でも簡単に試すことができます。

加圧シャツレビュー

加圧シャツは補正下着のように苦しいものではありません。

⑥詳細説明
商品の情報をさらに詳しく説明する。ランキングや自分が使ってみた詳細レビューなど

薄手でフィットします。
その理由は、使っている繊維がとても細いことと、その繊維の伸縮性にあります。

私は、**締め付けすぎると苦しくなってしまうのですが、全然そんな感じはありませんでした。**
真夏でエアコンがない場所では暑いかもしれませんが、薄手なのでそれ以外の季節はいつでも着られると思います＾＾

今なら送料無料キャンペーン

新発売の加圧シャツは、今だけ送料無料キャンペーン中です。
また、３枚まとめ買いで30%offのまとめ買い割引もありますから、まとめて買って家族や友人と分け合うのもいいですね。

↓今だけ送料無料
加圧シャツ通販はこちら

商品ページへのリンク

⑦今すぐ行動する理由
キャンペーンや期間限定情報など、今すぐ行動（購入）してもらうための文章

ダイエットの継続をサポートしてくれる！

いままでダイエットや筋トレが続かなかった方は多いでしょう。
加圧シャツなら着るだけなので、誰でも続くと思います。

長く続けるほど良いみたいなので、これからの変化が楽しみです。
ことしの夏は大胆な水着が着れるかな？

始めるなら早いほうがいいですよね。
一緒にがんばりましょう(⌒▽⌒)

↓送料無料キャンペーン
加圧シャツの通販はこちら

商品ページへのリンク

⑧まとめ
問題を解決したときのビジョンをイメージさせる。全体のまとめと、実際にその商品を使って問題が解決した後のことを想像してもらう文章。最後にもう一度、「今行動することにメリットがある」という念押しも効果的。ここで大切なのは、「明るい未来」をイメージしてもらうこと

難しい単語や漢字が多い文章は、頭がよさそうに見えるかもしれませんが、アフィリエイトサイトでは不要です。

目的はランディングページ（インターネット広告のリンク先となるページ）に誘導することなので、広告リンクまでスムーズにたどりつけるように、極力難しい言葉は使わないようにしましょう。

パソコンを使うと、難しい漢字も変換候補から選ぶだけで書けますが、漢字が多い文章は「難しそう」「読むのがたいへんそう」という印象を与えます。**ひらがなと漢字のバランスを見て、漢字が多すぎないように注意**しましょう。

専門用語は極力使わないように、一般的な言葉に置き換えます。

ランディングページに出てくる専門用語を使用する場合は、知らない人のために言葉の説明をしながら書き進めるといいでしょう。

Question 49

実際につくったサイトの良し悪しを判断する方法はありますか？

［質問頻度］
★★★☆☆

前述の2つのポイントを確認するのに最もいい方法は、**ほかの人に見てもらうこと**です。

見てもらう人は、訪問者の目線でアドバイスをくれるアフィリエイターでない人のほうが適しているといえます。

私はときどき、「サイトを見てアドバイスをください」という依頼を受けることがありますが、そのときに多く感じるのが、**「タイトルとサイト内容のずれ」と「売り込みすぎの文章」**です。

第三者からミスを指摘してもらったり、アドバイスをもらったりするのはとても大事です。他人に自分のアフィリエイトサイトを見せるのは、恥ずかしいし勇気がいることですが、思い込みによるミスを修正するためには絶対に必要なことです。

Question 50

広告のベストな掲載位置はあるのでしょうか？

［質問頻度］
★★★☆☆

広告はクリックしてもらえないと意味がありませんから、目立つ位置に掲載するほうがいいでしょう。しかし、あまり目立ちすぎるのもよくありません。

私は、**パソコンの画面で見たときに、スクロールせずに見える範囲にひとつ広告が入る**ようにしています。

ヘッダーのすぐ下にまずひとつ。メインコンテンツの記事中に2つ〜3つ。サイトの文字数が多い場合は、最下部にも配置しています。

広告の位置は、「訪問者が何を求めているか」と「購買意欲の段階」を考えて、サイトごとに変えています。

すぐに商品を買いたい人なら、いきなり広告が目に入っても必要な情報として受け取ってくれますが、情報を求めているだけの人にとって、広告は邪魔な存在かもしれません。その場合は、**記事の下など、記事を読んだ流れで自然に広告が目に入る**ようにしています。

私の経験では、**「サイト上部に配置した広告ほど、クリックされる確率が高い」**と感じています。私は購買意欲の高い人をターゲットにしているので、必然的に上部の広告がクリックされやすいのでしょう。

また、スマホでの集客がメインのサイトは、最下部にも広告を配置しています。これは、指でいっきにスクロールしたときに、最下部で画面表示が止まることを想定しています。

Question 51

「バナー広告」と「テキスト広告」、どちらがおすすめですか？

[質問頻度]
★★★☆☆

「バナー広告」は画像が表示される「広告リンク」で、テキスト広告は文字だけの広告です（52ページ、図表2−3参照）。

初心者の人は派手な「バナー広告」を張りがちで、私もはじめのころはバナー広告ばかり使っていました。しかし実際は、**「テキスト広告」のほうがクリック率は高い**のです。

この理由は2つあると思います。

ひとつは、「バナー画像」が「広告」とわかるため、サイト内のコンテンツとは別ものと認識されてしまうということです。**「バナー広告」をクリックしてもらうためには、コンテンツとうまく関連づけする工夫が必要**です。

もうひとつは、「画像がリンクになっていることがわからない人もいる」ということです。

サイト内のテキストや画像は、リンクになっているものとそうでないものがあります。テキストリンクの場合は青色であったり、下線が引いてあったり、比較的わかりやすくなっています。それに比べて画像の場合は、のせたカーソルが手の形になるまで、わからないケースが多いようです。

[図表6◆10]「バナー広告」はわかりやすく

●例1

↓公式サイトはこちら↓

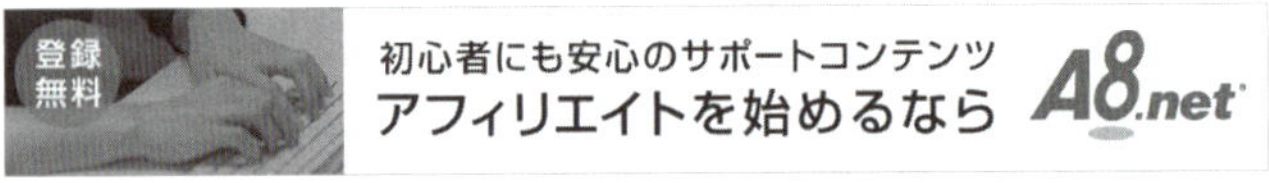

●例2

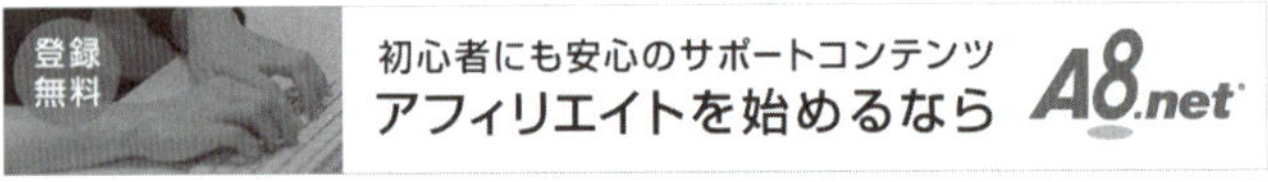

A8.netの申し込みページ

ネットを使い慣れた人にとっては何でもないことですが、**不慣れな人には「ここがリンクです」とはっきり知らせる**必要があります。とくにスマホの画面はカーソルがありませんから、「画像＝リンク」と認識されないとクリックされません。

以上の説明では、「バナー広告」はデメリットばかりのようですが、もちろんいいところもあります。

昔は、いかにも広告という派手な画像が多かったのですが、いまは**複数のバナーの中からサイトコンテンツとなじむものを選ぶ**こともできます。

デザインや色使いも工夫されていて、クリックされやすくなってきたと感じています。

また、スマホでは画面下に広告が出る場合があり、「バナー広告」にユーザーが慣れてきたとも考えられます。

私は**「テキスト広告」をメインで使い、「バナー広告」はその画像の内容を見て、部分的に使う**ようにしています。

そして、「バナー広告」を使うときはリンクであることをわかりやすく表示する（図表6―10の例1）か、テキストリンクをあわせて掲載する（図表6―10の例2）ようにしています。

Question 52

ひとつのサイトでたくさんの商品を紹介すれば、購入してくれる確率が上がりますか？

［質問頻度］★★★★☆

たくさん商品を紹介すれば、その中のどれかが売れそうな気がしますね。それも間違いではありません。しかし、**複数の商品を掲載するのは、メリットとデメリットがあります**。

★デメリット：ユーザーが迷う

デメリットは、Q43（127ページ参照）で取り上げた「サイトのカラム数」と「出口の数」に関連しています。

アフィリエイトサイトは、ユーザーを広告主のサイトに連れて行くのが目的です。

商品をたくさん掲載するということは、出口がたくさんあるということです。

出口が複数あると、ユーザーは「出て行く」前に、「どの出口にしようか選ぶ」作業をしなければなりません。

あなたが洋服を買いに行ったとき、素敵なセーターを見つけたとします。そのセーターは、色違いで5色あります。

5つの中から、迷わずひとつを選ぶことができますか？

これが2色だったらどうでしょう。そもそも1色だったら迷いませんね。

人は「自ら選択するのが苦手」な傾向にあります。**複数の選択肢を与えることは、ユーザーを迷わせることにつながります**。

あれこれ悩んでいるうちに冷静になり、「迷っているのでいまは買わない」という選択肢が生まれるかもしれません。これが複数の商品を掲載することのデメリットです。

「迷っているのでいまは買わない」という選択は、ひとつの商品でも起こることです。白い素敵なセーターを見つけたときに、「これがグレーだったらよかったのに……」「ほかにもっと素敵なセーターがあるかもしれない……」という状況です。

これは、集客するユーザーを絞ることで解決できます。最初から白いセーターを欲しかった人を集客すれば「グレーだったらよかったのに」という選択肢は生まれません。

★メリット：売れる可能性が高くなる

一方のメリットは、**複数の商品のうちどれかを選んでもらえる可能性が増える**ことです。

女性はショッピングが大好きです。ショッピングには「目的の商品を手に入れる」という楽しみ以外に、「買いものという行為そのもの」に楽しみがあります。「どれにしようかな？　どっちの色が私に似合うかしら？」と迷っているときのワクワク、ドキドキの高揚感。**複数の選択肢からひとつを選ぶのは、まさに買いものの醍醐味**でしょう。

複数の商品を掲載するメリットは、ひとつの商品だと「買うor買わない」だった迷いが、「どれを買うか」という迷い（＝ショッピングの楽しみ）になることです。

買わないという選択肢が消えるわけではありませんが、ほかの候補にまぎれて見えにくくなります。

結論として、**紹介する商品をひとつにするか複数にするかは、商品の性質と集客するユーザーによって決める**といいと思います。

Question
53

サイトに画像やイラストを載せたほうがいいのでしょうか？

［質問頻度］
★★★☆☆

「画像やイラストを必ず使わなければいけない」ということはありませんが、**写真やイ**

ラストは使ったほうがいいと思います。

とくに、**レビューサイトには写真が必須**です。**レビューサイトとは、商品を実際に使ってみて、その感想とともに商品を紹介するアフィリエイトサイト**です。商品に興味があり、買おうか検討している人にとって、非常に役立つコンテンツです。**写真があるのとないのとでは、大きく印象が違います**。

たとえば、大きさや色、形を説明するには、文章より画像のほうがいいですよね。長々と言葉で説明するより、写真を1枚見せるほうが、早く正確に伝わります。「百聞は一見にしかず」です。

私は、レビューサイト以外のサイトでも画像やイラストを使っています。自分が訪問者の立場でホームページを見るときに、**文章ばかりだと面白くありませんし、画像やイラストがあると、途中で息抜きができる**からです。サイトの内容に合わせて、挿絵のような意味で使っています。

また、**訪問者の目に留まりやすいサイト上部には、アイキャッチ（見る人の目をひくもの）になるような画像もしくはイラストを配置しておくと、文章の中身まで読んでもらいやすい**と思います。

Question 54

サイトに使用する画像はどんなものがいいのでしょうか?

[質問頻度] ★★★☆☆

使用する画像は、カタログのようなきれいな写真でなくても大丈夫です。むしろ、自分の手や室内の様子が写り込んでいる素人写真のほうが、親近感をもってくれます。**実際に使っているリアルな写真を見せることで、訪問者は自分が使用している場面を想像しやすくなります**。

上手に写真を使うと、言葉で売り込みしなくても「買いたい気持ちにさせる」ことができます。

デジタルカメラをもっていない場合は、スマホや携帯電話のカメラでかまいません。最近のスマホはカメラの性能も上がっていますから、ピントや手ブレに注意すれば、かなりきれいな写真を撮影することができます。

また、画像やイラストはネット上で探せば、著作権フリーのものがあります。「フリー素材」「フリー画像」などで検索すると、たくさん見つかります。

使うときには、「商用利用できるか」など各サイトの利用規約に注意してください。

アフィリエイトサイトで使用する場合は商用利用です。「商用利用不可」となっている素材を使うことはできません。

ネット上のフリー素材は、ほかのサイトも同じものを使っている可能性があるので、**自分で撮影したオリジナル画像を使ったほうが、コンテンツを差別化できます**。

Question 55

アフィリエイトサイトは質より量、量より質、どちらですか？

[質問頻度]
★★★★☆

アフィリエイトサイトをつくるうえで「質」と「量」、どちらを優先させるべきでしょうか。

成果が出はじめて「この方法でいける！」という感覚をつかむまでは、「量」を優先したほうがいいと思います。「ヘタな鉄砲も数撃てば当たる」です。

最初から質を追求したとして、本当に質がいいものができるでしょうか。そもそも、「質がよいとは何なのか」「どうすれば質がよくなるのか」が、わからないと思います。

圧倒的な量をこなしていけば、自然と質も上がっていきます。

とくに、**アフィリエイトを始めたばかりのころは、とにかく量産**です。大規模サイトであっても、ページの量産という意味では同じです。

たくさんの広告を見て、あらゆる方向からキーワードについて考え、実際に文章を書いてみる。その繰り返しで、**基本の作業に慣れること**ができます。

報酬が上がるようになれば、稼げないサイトと稼げたサイトの違いに目を向けられるようになります。私は稼げるようになってはじめて、質について考える余裕ができました。

しかし、**稼げる経験をしたいまでも、私は「質」より「量」を優先**しています。

結果が出ない人の中には、「完璧を目指しすぎる」人がいます。細かい部分にこだわって手が止まってしまうタイプです。

そういう人は、自信がなくても、自己評価が60点でもいいので、**とにかくサイトをつくって、アップしてみてください**。

寄せられる質問の多くは、「どうすれば最短でできるか」「いちばんいい方法は何なのか」に集中しています。

「無駄なことはしたくない」という気持ちはわかりますが、答えを聞くだけでは、あなた自身の唯一の正解は見つかりません。

あなたに合った稼ぎ方の正解は、あなたが選択した経験の中に必ずあります。まだ見つかっていないのなら、選択肢が少ないのだと思います。

選択肢を増やすためには、まず「量」が必要です。

結論

・アフィリエイトサイトはネット上のお店。土地がサーバーで、建物がホームページ。独自ドメインをとることで、自分だけのお店をつくることができる。

・基本的にブログは更新型でホームページは放置型。どちらもアフィリエイトできる。

・広く使われている「ワードプレス」を使いこなすにはカスタマイズや管理の知識が必要。

・「日本語ドメイン」「中古ドメイン」にはそれぞれメリットとデメリットがある。目的にあった使い方をしよう。

・レンタルサーバーは独自ドメインを無制限で設定できる「マルチドメイン」に対応したサーバーのプランがおすすめ。

・初心者がアフィリエイトサイトをつくるなら、サイト作成ツール「シリウス（SIRIUS）」がおすすめ。

・サイトの規模は最初から大きくなくてもいいので、まずはサイト作成に慣れる。質より量で勝負しよう。

・サイトの目的は訪問者が求めている情報を提供すること。読みやすさ、わかりやすさを重視する。1カラムと2カラムなら、1カラムのほうが訪問者が迷いにくい。

・広告はバナー広告とテキスト広告がある。どちらを選ぶか、掲載位置をどこにするかはサイトの内容にあわせて判断を。サイト上部の広告はクリックされやすい。
・画像やイラストを使うことで、訪問者の興味をひくことができる。レビューサイトでは、画像を載せたほうがわかりやすい。商用利用できる著作権フリーの素材もある。

第Ⅲ部

応用編

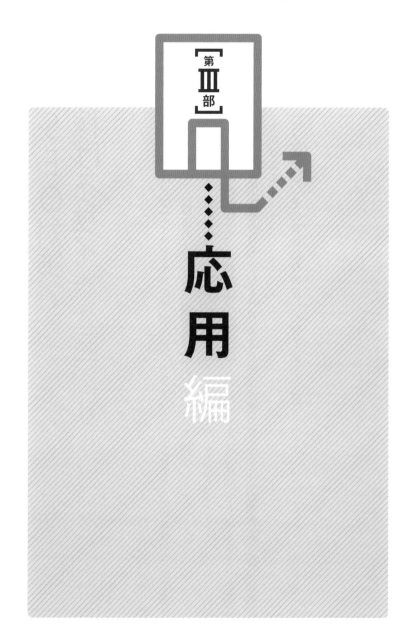

第7章

SEO対策で稼げるサイトを目指す！

ここでは、アフィリエイトの手順（Q14「アフィリエイトを始めるための具体的な手順を教えてください」）の最後のステップ「❺集客」にあたる部分を解説します。

集客とは、おもに検索エンジンで上位表示させるための対策です。上位表示されれば、それだけたくさんの人の目に留まり、訪問者も増えます。**訪問者が増えると広告をクリックしてくれる人も増え、買ってもらえる確率が高くなり収益が上がります**。

ここでは、その具体的な方法について説明します。

Question 56

SEO対策って何ですか？

［質問頻度］
★★★★☆

SEOとは「**検索エンジン最適化**（Search Engine Optimization）」の略で、**ウェブサイトを上位表示させるための施策**のことです。**ほとんどの場合、このSEO対策が必要**になります。

「ほとんどの場合」としたのは、仮に上位表示させたいキーワードについて書いたページが、あなたのウェブサイト以外に存在しなければ、何もしなくても検索結果の上位に表示される可能性が高いと想像できるからです。

「ほとんどの場合」「可能性が高い」「想像できる」とは、あいまいな表現ですね。

検索エンジンがどのページを表示させるかは、「アルゴリズム」というコンピュータの処理に関係しています。そして、この「アルゴリズム」は日々変化しているため、SEOの絶対的な対策方法は解明されていません。

ですから、**たとえライバルがいなくても、SEO対策なしで上位表示できるとはいい切れない**のです。

SEO対策は、多くの企業やアフィリエイターが日夜研究しています。

[図表7◆1] Yahoo!の検索結果

検索結果の順位がそのまま収益に関係するとても重要な要素だからです。

図表7-1の枠線以外の部分が通常の検索結果です。

ここに表示させるのにお金はいりません。ただし上位に表示させるためには、ほとんどの場合、SEO対策が必要です。

Question 57

SEO対策は、どうやってやるのですか？

[質問頻度]
★★★★☆

ここでは、SEOの定説や私が実践してみた結果を検証し、いま行っているSEO対策を紹介します。

上位表示させるためのSEO対策には、「❶内的SEO」と「❷外的SEO」があります。

❶内的SEO

「内的SEO」は、検索エンジンがサイト全体を把握しやすくするための施策です。

検索エンジンが読み込みやすい、HTMLタグ（107ページ参照）のソース構造にしたり、画像にaltで説明を入れたりすることです。

複数のページで構成されたサイトの場合、次のページへいくためのリンクや、トップページに戻るためのリンクを張ることが内的SEOのひとつになります。

掲載する画像に対して検索エンジンに認識してもらうためには、<img src="cat.jpg" alt="猫" />とするなど、「alt属性」で画像の内容を説明したり、ファイル名を画像の内容を表す言葉にすることなどが対策になります。

たとえば、犬の写真のファイル名なら「image1.jpg」よりも「dog.jpg」とするほうがSEO対策として望ましいといえます。人間は目で見て写真の内容を認識できますが、検索エンジンは認識できないからです。

それにはウェブサイトを構築する知識が必要になりますが、サイト作成ツール「シリウス」を使っていれば、初心者のうちから「内的SEO」を意識する必要はありません。**「シリウス」でつくれば、基本的な「内的SEO」がされているサイトをつくることができる**からです。

❷外的SEO

「外的SEO」は、「被リンク」がメインです。

被リンクとは、検索エンジンで上位に表示させたいサイト（メインサイト）に対して、ほかのサイトからリンクを送ることです。

たとえば、サイトAを上位表示させるために、サイトBからリンクを送ります（図表7−2）。このサイトBを**「バックリンク（サイト）」**や**「サテライト（サイト）」**と呼んでいます。

サイトBのテキストリンク「○○はコチラ」をクリックすると、サイトAに行けるという状態です。そうすると、サイトAがサイトBから推薦された形になり、「SEO上、強くなる（上位表示されやすくなる）」と考えられています。

[図表7◆2] バックリンクからの被リンク

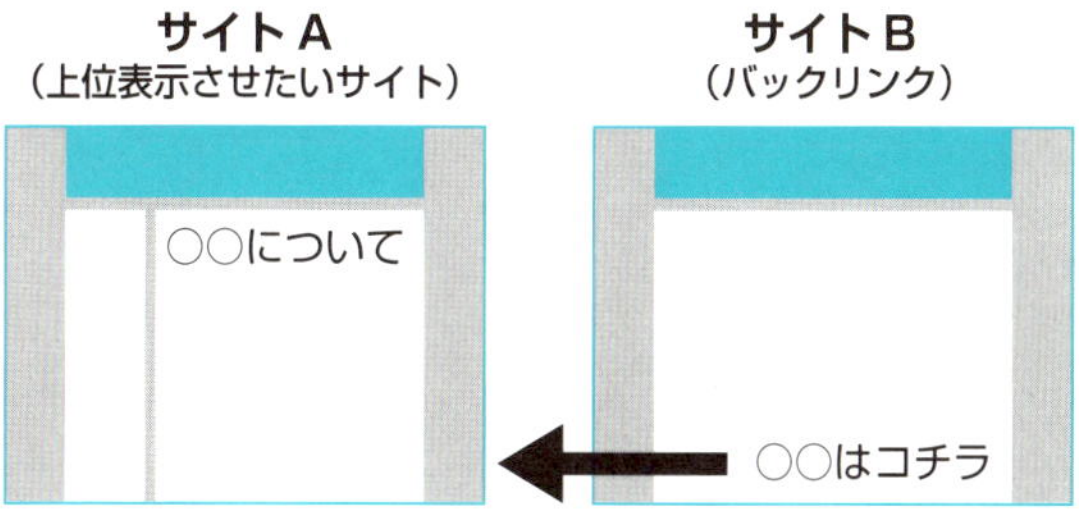

推薦してくれるサイトBがたくさんあればいいわけですが、単純に「数が多い＝強い」ではありません。**リンクを出すサイトBの質も関係**があります。

実際の評価基準は公開されていませんが、リンクを出すサイトによってSEO効果が違うことは実感しています。

それでは、「SEO視点で質がいいバックリンク」とは、どのようなサイトでしょうか？　私の考えでは、以下のようなサイトがそれにあたります。

- 運営歴が長い
- 記事数が多い
- 大手ブログサービス
- 地方ブログサービス
- 自然なリンクがついている
- メインサイトと関連した内容

優良なサイトから被リンクをもらうために、ためになる有益な情報を書けば、リンクがもらえるかもしれません。しかし、アフィリエイトサイトへ自然にリンクがつくことは、あまり期待できないかもしれません。

Question 58

SEO対策として、サイト内にどれくらいキーワードを入れればいいですか？

［質問頻度］
★★★☆☆

キーワードをどれくらい入れるかについて、私はまったく意識していません。

もちろん、**サイト内の文章に狙っているキーワードを入れることは不可欠**です。ひとつも入っていないと、検索エンジンに「そのキーワードについて書いていない」と判断されてしまうからです。

しかし、キーワードをテーマにして文章を書いていれば、自然と文章にそのキーワードが入ってくるはずです。意識しすぎると、不自然に多くなってしまいます。

SEOについて調べていたときに、「キーワードはサイト内文章の5％前後がいい」などという情報を見たことがあります。

キーワードの出現率や出現回数は、「キーワード出現率」で検索すると調べられるサイトが出てきます（たとえば、キーワード出現率チェック：http://ohotuku.jp/keyword_ratio/）。

私が最近つくったサイトのキーワード出現率を調べてみたら、**おおむね2～3%**でした。

でも、**出現率を意識するより、そのキーワードで検索してきたユーザーが知りたい内容や解決したい事柄について、その答えを提供することを第一に考えて文章をつくることを心がけてください**。

Question 59

検索順位が気になるのですが、調べる方法はありますか？

[質問頻度]
★★☆☆☆

検索順位とは、PPC広告（クリックされることによって課金されるタイプの広告）以外のエリアに表示される順位です。**順位が上位であるほど、訪問者が増え、結果的に報酬が多くなります**。

検索順位は、「GRC」（http://seopro.jp/grc/）というツールを使って調べます（図表7－3）。

「GRC」はパソコンにインストールして使うツールです。順位を調べたいサイトのURL、キーワードを登録しておくと、ボタンひとつで結果を表示してくれます。

順位の動きがグラフで表示されるので、とても見やすく、メモなどで記録する必要があ

[図表7◆3] GRCの画面

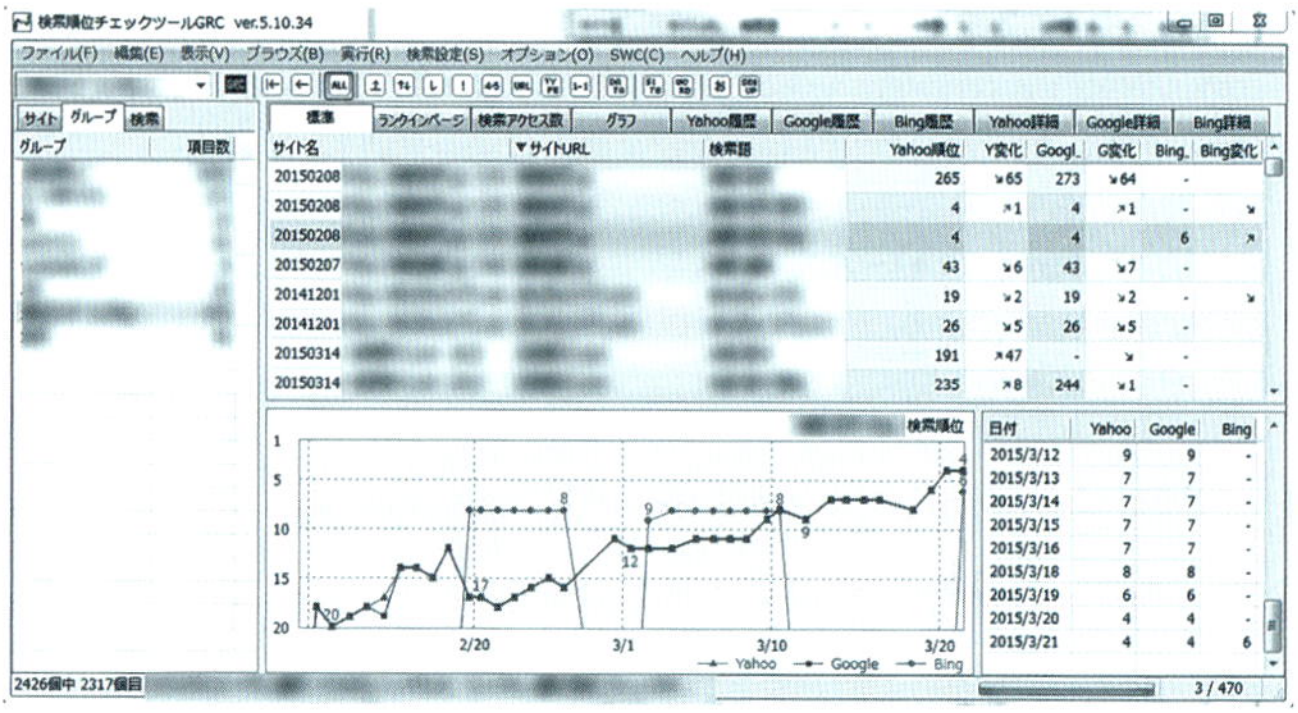

りません。便利なだけでなく、自分のチェックしたい項目を選んだり、画面に表示させる内容をカスタマイズできたり、使い勝手のいいツールです。

「GRC」には、無料と有料のライセンスがあり、有料ライセンスは登録できるURL数によって金額が異なる5種類のプランがあります。

ほかの無料ツールもいくつか試してみましたが、結局GRCに落ち着きました。

「GRC」の便利さにはかないませんが、無料で検索順位を調べられるサイトもあります。URLとキーワードを入力してチェックボタンを押すと、結果が表示されるしくみです。

無料で使えるのはいいのですが、毎回入力する手間がかかりますし、1サイト調べるのに30秒～1分くらいかかります。また、順位の動きを見るには、自分で記録をとっておく必要があります。

調べたいサイトが3つくらいまでなら、無料のものでも

いいでしょう。それ以上になると、ツールを使ったほうが効率的だと思います。

私は、パソコンを起動すると「GRC」が検索を開始するように設定しています。順位の動きは記録されていますが、それをチェックするのは、毎日ではありません。

それは、順位の動きに気持ちが左右されるのが嫌なのと、動きがあったとしても、すぐに対処することがないからです。

順位を見るのは、作成直後のサイトの状況が気になるときと、ドメインを更新するかしないかの判断をするときです。サイトの数が多いなら、手間なく確認できる順位チェックツールは便利です。

Question 60

検索順位が1ページ目に入ったのですが、もっと上位にするにはどうしたらいいですか？

[質問頻度]
★★★☆☆

つくったサイトが検索エンジンの1ページ目に入ったら、それだけでうれしくなるかもしれませんが、実際は1ページ目にあってもバンバン売れるわけではありません。

1位と2位の訪問者数の差はとても大きく、1ページ目でも下のほうならクリックすらされないこともあります。そうなると、「できるだけ上位に……」と考えますよね。

その気持ちは同じなのですが、私は1ページ目に入ったサイトに対して、特別に何かすることはありません。理由は、**何かすることによってかえって順位が下がる可能性がある**からです。

あなたは、検索エンジンの2ページ目以降をどれくらい見ますか？

私は1ページ目で満足できないとき以外、見ることがありません。

サイトに手を加えることで、1ページ目から消えてしまうリスクは大きいものです。

このことから、「1位になれば、たくさん売れるだろうな」という期待をもちつつ、実際には放置しています。

ほかのサイトと同じように、あとから記事を足したり、リンクを増やしたりすることはありますが、これも「下がってもいいから、ちょっとチャレンジしてみようかな？」と思うときだけです。

放置の理由はもうひとつあります。それは、**放置していても順位が上昇することがある**からです。

私の想像ですが、1ページ目のサイトの中で、クリックが多いサイトや滞在時間が長くちゃんと読まれているサイトを検索エンジンが判断していて、順位に影響を与えているのではないでしょうか。

あなたのサイトは、**「読んでみたい」「内容が気になる」「思わずクリックしてしまう」**

ようなタイトルですか？　そして、サイトの中身は**検索者にとって有益な情報**が書いてありますか？　これができていれば、しばらく様子を見てみましょう。

「更新や被リンクによって、徐々に順位が上昇した」と考えられるなら、同じことを同じペースで行って様子を見てみればいいと思います。

何かをしたら必ず上がるという保証はなく、何もしなくても上がることはあります。もしも下がってしまったら、手間だけかかって「やらなければよかった」と思うでしょう（その要因で順位が下がったかどうかは断定できませんが）。

私は、**手を加えて順位が下がるより、1ページ目にいたほうがいい**と考えています。すでに、わずかでも報酬が発生しているサイトなら、とくにそう思います。

私のように、**ほぼひとりで作業しているアフィリエイターにとって、SEOに手間をかけないことは大きなテーマ**です。

1ページ目に入ったサイトは、「手間をかけて下がるより、何もせずに上がればラッキー」と考えています。

Question 61

順位が下がったときは、どんな対処をすればよいのでしょうか?

[質問頻度]
★★★★☆

アフィリエイターにとって、サイトの順位降下は死活問題です。

しかし、私は**順位が下がったサイトに対して、すぐに対処することはありません**。放置していても、戻ってくることがあるからです。

順位が落ちたサイトに対して、別の新規ドメインに転送したり、リンクを送ってみたり、「これをすれば順位が復活する」といわれている方法をいくつか試したことはありますが、**どれも100%確実な方法ではありません**でした。順位が戻ったケースもありますが、戻らなかったことのほうが多かったのです。

順位の回復が施策によるものなのかは、確証がありません。たんなる偶然かもしれません。

「これをすれば確実に上位表示される」というものがあればやりますが、落ちたサイトを復活させる作業は、結果がどうなるかわかりません。

順位が大幅に落ちたということは、**何らかの理由で検索エンジンから見放された状態**です。**そこで復活の可能性を探るより、同じキーワードで新規サイトをつくるか、ライバル**

の少ない新規案件を狙っていくほうが、可能性が大きく感じられます。

大きく稼いでいたサイトの順位が下がって、報酬が減ってしまったときは落ち込みます。つくったサイトがずっと上位表示されればいいのですが、どんなにSEOが得意な人でも、順位を維持しつづけるのは難しいものです。

「サイトの順位は変動するもの」と思っていたほうが、精神的にラクです。

維持しようとひとつのサイトに対する思い入れが強くなると、順位変動に一喜一憂してしまいます。

私が多数のサイトをもつのは、**「サイトの順位変動に関する精神的影響を減らしたい」**という理由もあります。

売り上げを1サイトに頼っていると、そのサイトの順位が下がったときに焦ってしまいますが、**複数のサイトから細かい報酬を集めていると、1サイトの報酬減にはあまり動揺しません**（少しは落ち込みますが）。「ほかのサイトでがんばればいいか」と思えるのです。

これが、緻密なSEO対策をしない私なりの稼ぎ方です。

たとえるなら、落ちたサイトはあなたを振った恋人です。

がんばって振り向いてもらえるように努力することも素敵ですが、相手の気持ちもありますす。もしかしたら、あなたのよさに気がついて、向こうのほうから戻ってくるかもしれません。

[図表7◆4] 順位変動は予測不可能

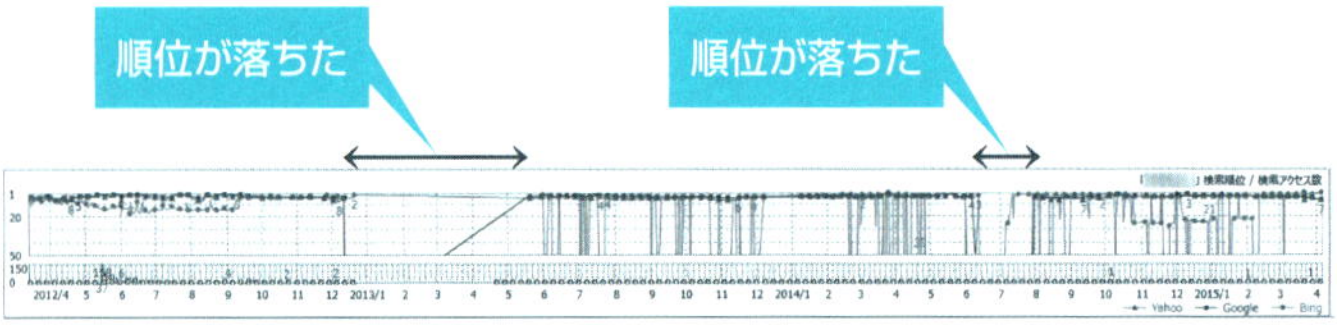

順位が落ちても戻ってくることがある

私は、さっさと諦めて次の恋への努力を選びます。

もちろん、「あの人じゃないとダメ！」という人もいると思いますが、ここでいう恋人をサイトや広告と考えるなら、ほかにも選択肢はたくさんあります。

「個々のサイトに執着しない」というのが、私のアフィリエイトスタイルです。

図表7-4はあるサイトの順位変動です。商品情報の記述を修正したことはありますが、基本的に放置しています。

Question 62

アクセス解析って何ですか？やったほうがいいのでしょうか？

[質問頻度]
★★★☆☆

アクセス解析は、「サイトへの訪問者数」「検索キーワード」「どのページが読まれたか」など訪問者の動きがわかるツールです。**アフィリエイトの収益性を上げるために、サイトを改善していくのに役立ちます**。

アクセス解析が必要かどうかは、取得した情報を活用できるかどうかによるでしょう。たんにデータを眺めているだけでは、意味がありません。私は**小規模サイトには設置せず、大規模になりそうなサイトには設置**しています。

アクセス解析を見れば、**サイトの問題点や訪問者のニーズを発見することができます**。私が見ているのは、**「訪問者数」**と**「検索キーワード」**です。訪問者数が多いのに、思うような成果がなければ、サイトや広告に問題があります。

検索キーワードは検索者のニーズや悩みが直接わかるので、サイト作成のヒントになります。

予想もしないキーワードで検索されていて、驚くことも多いものです。また、検索キーワードに対する答えがサイトに書いてあるかどうかのチェックもできます。

アクセス解析は、サイトにアクセス解析用のコード（タグ）を設置することで、計測できます。

私が使っているのは、**「忍者アクセス解析」**（http://www.ninja.co.jp/analyze/）と**「Googleアナリティクス」**（http://www.google.com/intl/ja/analytics/）です（いずれも無料版あり）。

わかることは、訪問者数・検索キーワード・検索エンジンなど、共通しています。

ただし、Googleアナリティクスは機能が多すぎるので、初心者のうちは全部を使いこなせないかもしれません。

アクセス解析には、無料のものと有料のものがあります。

無料のものを選ぶときは、**広告表示の有無に注意**してください。PCの画面で表示されていなくても、スマホの画面で目立つ広告が出ていることがあります。最近はスマホユーザーの成約が多くなっているので、**スマホ画面の広告はアフィリエイトの邪魔になります**。

アクセス解析は、データを分析して活用できる人には必須のツールかもしれませんが、私は重視していません。タグを設置するだけで計測できるので、**必要になったときにあとから導入しても問題ない**でしょう。

Question 63

まったくアクセスがありません。どんな原因が考えられますか？

[質問頻度]
★★★★☆

アクセスがない主な原因には、以下のようなことが考えられます。

・需要のないキーワードを選んでいる
・タイトルに魅力がない
・上位表示されていない

検索結果で1位に表示されても、そもそも**検索されないようなキーワードを選んでいては、アクセスはありません**。反対に、アクセス数を稼ごうと人気キーワードを選ぶと、上位表示が難しくなります。

そして、タイトルも重要です。

まったくアクセスがない場合は、**「タイトル」「キーワード」「SEO」の3点を見直してみましょう**。

アフィリエイトは掛け算です。

アフィリエイト報酬＝キーワード×上位表示×タイトル×サイト内容×報酬単価×承認率

どれかがゼロであれば、ほかが優れていても結果はゼロになってしまいます。

アクセス数は報酬を得るために大切な要素ですが、最終目的ではありません。目的はアフィリエイト報酬を得ることです。アクセスがあっても売れなければ意味がないのです。

極端ない い方をすれば、300アクセスで成約ゼロより、10アクセスで1つ売れたほうがいいわけです。購買意欲の低い人300人より、買ってくれる10人に来て欲しいという意味です。

これを左右するのが、キーワード選びです。

グッドキーワードでサジェストを調べながらキーワードを選ぶようにすると、まったく需要のない（検索されない）キーワードを選んでしまうことはありません。あとは、購買意欲と上位表示できるかどうかです。

アクセスゼロはダメですが、数が少ないこと自体は問題ではありません。

結論

・アフィリエイトサイトは上位表示できることで訪問者が増え、報酬アップにつながる。上位表示させるための施策がSEO。SEOは内部対策と外部対策がある。
・複数サイトの検索順位を調べるには順位チェックツール「GRC」が便利。
・順位チェックはほどほどに。アクセス解析はいろんな情報がわかるが、最初はこだわらなくてもいい。
・つくったサイトをすべて上位表示させることは難しい。まったくアクセスがないサイトもある。一度上位表示できても順位が下がることもある。順位変動の影響を受けにくくするためにも、複数サイトの運営をする。

第8章 次のステージへ進むために

アフィリエイトを始めてある程度の収入が得られるようになったと感じてきたら、効率よく報酬を伸ばしていく方法を考えてみましょう。

作業を継続することに変わりはありませんが、**限られた時間の中でより早く、結果を出す方法**を考えます。記事を外注したり、スタッフを採用したり、人の手を借りるのもひとつの方法です。

Question 64

アフィリエイトを続けるために必要なことは何でしょうか？

目に見えないもので、絶対に必要なものがあります。

［質問頻度］
★★★☆☆

それは**「絶対にアフィリエイトで稼ぐんだ！　必ず成功するぞ！　成功するまで諦めない！」という気持ち**です。

「そんなことですか？」という声が聞こえてきそうですが、私はこれがいちばん大切なことだと思っています。

アフィリエイトは始めるのが簡単でも、継続するのが難しいものです。

多くの人が成功曲線（32ページ、「Keyword Plus」参照）の手前で諦め、挫折したと思い込み、そこでやめてしまいます。

「覚悟を決める」というと大げさかもしれませんが、それくらいの気持ちでスタートしてください。

それから、**具体的な目標を決めましょう**。自分との約束です。「いつまでに、いくら稼ぐ」と日付と金額を決めてください。

決めたら紙に書いて、**いつも見えるところに貼りましょう**。受験生の「合格」と同じです。

私は目標を書いた紙をトイレのドアに貼っていました。

毎日必ず数回は目にする場所に、「夢がかなって成功！」「お金持ちになる！」「月収200万円！」など好き勝手に書いて貼っていました。

人間の脳は、「現実」と「想像したイメージ」の区別ができないといわれています。

梅干しやレモンの酸っぱさを想像しただけで唾液が出てくるように、**目標をいつも目にすることで、まだ起こっていないことを現実にしてしまおう**というわけです。

ノウハウを学ぶことは成功するための手段ですが、アフィリエイトで成功した自分がどうなっているか、そのときどんな気持ちでいるのかを想像したほうが、より早く目標が実現するのではないかと思うのです。

Question 65

目標設定はどうやって決めればいいですか？

[質問頻度]
★★★☆☆

目標は絶対に決めたほうがいいと思います。**「目標なくして、結果は出ない」**といってもいいでしょう。

目標を立てるメリットを言葉で説明するのは難しいのですが、「目標を決める」だけで達成することが現実味を帯びてくるので、ぜひ設定してみてください。これはたくさんの成功者がいっています。

私は**「長期」「短期」「今日」の目標を立てています**。たとえば、こんな感じです。

★長期の目標

「好きなときに、好きなだけ読書ができる人生。ものを買うときに、値段で選ばずに、自分のいちばん欲しいものが買える」

いまの自分の状況は無視して、本当に手に入れたい状態のことを考えます。**自分のいちばん幸せな場面**を想像してみてください。

たとえば、「毎日カフェで朝食を食べる」とか「観たい映画はすべて見る」とか「2カ月に一度、海外旅行に行く」などです。

物質的なものでもかまいませんし、「毎日笑顔で過ごす」など精神的なものでもかまいません。何もかも手に入れて、経済的にも精神的にも安定した状態です。

★短期の目標

「サイト数、合計○サイト達成。新しい収入の柱となる広告を見つける」

いまから数カ月後、だいたい3カ月くらい先の目標を設定します。

「まだ先のことだし……」と思っていると、あっという間にすぎてしまいます。

「長期の目標」を細分化したものを考えてみましょう。

★今日の目標

「1サイト完成させる。新しい広告のキーワードをリサーチする」

その日1日で何をやるか考えます。

やりたいこと、すべきことは複数出てくると思いますが、**「長期の目標」を細分化し、「短期の目標」に直結するものを、ひとつだけ最重要課題にします。「ひとつだけ」というのがポイント**です。

それさえできれば、その日は100点満点。プラスで何かをできれば120点！

あとは余力でタスクをこなします。

目標はそれ自体が目的ではなく、達成するための補助的なものです。つねに意識することで意味をもちます。

「長期」と「短期」の目標は、いつまでに達成するのか期限を決めてください。そして、達成したときの気持ちや状況を、できるだけ具体的に想像しましょう。

「日付、数字、達成したときの自分の気持ち」を意識することがポイントです。

Question 66

「○万円」の壁が超えられません。何をすればいいのでしょうか？

[質問頻度]
★★★★☆

「○万円を超えられない」という質問でとくに多い金額が「20万〜30万円」です。私の場合も、30万円、50万円、100万円あたりで、壁があった気がします。

10万円が見えてきたとか、少し超えたぐらいなら、あとは繰り返すだけです。**難しいことや新しい手法を取り入れなくても、それまでのやり方で大丈夫**です。

いままで売れている広告を別のキーワードでつくったり、同ジャンルの別商品でつくったりという「横の展開」をすると獲得しやすいと思います。横展開することで、そのジャンルに詳しくなり、サイトを作成するスピードも上がります。

私は、50万円を超えたあと、80万円ぐらいでウロウロする月が続き、100万円を超えるまでが長かったように思います。

100万円を狙うには、ライバルの多い激戦ジャンルも視野に入れてください。

「A8.net」には、「ASランク」という獲得報酬（確定）に応じたランクがあります。「ゴールドランク」以上になると、管理画面で広告の確定率（承認率）がわかるようになります。

単価が高く承認率の高いものを選んで、どんどんつくっていきましょう。

Question 67

ある程度の収入が見込めるようになってきたので、誰かに手伝ってもらいたいのですが……？

［質問頻度］★★★★☆

サイトが増えてある程度収入が安定してきたら、作業の一部を外注するといいでしょう。外注とは、作業を外部の人に委託することです。

アルバイトやパートを雇うこともあります。人を雇う場合は、給与以外にも労働環境を整えなければいけないので、少しハードルが高くなります。

アフィリエイトで外注する仕事内容には、「メインサイトやブログの記事作成」「サイト全体の構築」「バックリンクサイト（ブログ）の構築や更新」などがあります。

私の場合は、メインサイトやバックリンク用のブログの記事を発注していますが、外注を始めたのは月間報酬100万円を超えてからです。50万～100万円を目指すのであれば、外注なしで十分に可能です。

簡単に外注する方法のひとつに、インターネットを使って仕事の発注・受注ができるクラウドソーシングサービスがあります。

クラウドソーシングサービスは、仕事を依頼する側と受ける側を仲介してくれるので、**雇用契約など、手間のかかる部分を省くことができます。**

ただし、「タスク形式」と呼ばれる簡単なテキストやデータ入力の場合、**作業する人を選ぶことができません**（サービス会社によって若干違います）。そのため、仕事のクオリティが低い場合も出てきます。また、機密事項のセキュリティ面は必ずしも安全とはいえないので、注意が必要です。

サービスによっては「仕事をする人を指定して発注」「応募作品の中から選べるコンペ形式で発注」「あらかじめ仕事に対して見積もりを出してもらうプロジェクト形式で発注」など、複数の発注方法があります。

これらを活用すれば、**低価格でありながらクオリティを求めることも可能**です。

クラウドソーシングは、「仕事の量」「タイミング」「報酬額の調整」が自由にできます。

私が利用しているのは「ランサーズ（http://www.lancers.jp/）」というサービスです。ほかにも「クラウドワークス（https://crowdworks.jp/）」「シュフティ（https://www.shufti.jp/）」などがあります。

外注を使えば作業的にはラクになりますが、最初から頼るのはおすすめしません。理由は、**自分で稼いだ経験がないとうまく使いこなせない**と思うからです。つまり、**コストに見合う成果を得ることができなければ、外注する意味がない**からです。

外注を考えるのは、ある程度の成果があり、投資すればそれ以上の報酬が確実に見込めるとわかった段階でいいと思います。

外注はラクだから使うのではなく、いまの成果を増やすために、自分でなくてもいい部分を、他人にゆだねる手段のひとつなのです。

Question 68

副業の場合、確定申告や納税などは、どうしたらいいですか?

［質問頻度］★★★☆☆

アフィリエイトで得た所得は課税対象です。一定の条件にあてはまれば、副業であっても確定申告のうえ、納税しなければなりません。

確定申告が必要なのは、次のような場合などです。

・給与所得があり、アフィリエイトとその他で得た年間所得が20万円を超える場合
・給与所得なしで、アフィリエイトとその他で得た年間所得が38万円を超える場合
・給与所得なしで、アフィリエイトとその他で得た年間所得が38万円を超える場合

「A8.net」では「アフィリエイトで得た所得の確定申告について」のフローチャートを公開しているので、自分が該当するかどうかの目安になります（図表8–1）。

もし、**アフィリエイト以外の副業による所得があれば、それも合計した金額になる**ので注意してください。

また、**所得とは「アフィリエイト報酬」（収入）から「必要経費」を差し引いた額**なので、収入＝所得ではありません。

レンタルサーバー代などの通信費や、勉強のための書籍など経費に関する支払いは、証明できる書類（領収書やレシート）をきちんと保管し、計上することで節税になります。

確定申告は毎年1月1日から12月31日までの1年間の所得に対して、翌年2月16日から3月15日までの1カ月間に所轄の税務署で行う必要があります。

最近ではインターネットから申請ができる「e-Tax」が国税庁のホームページに設置され、手続きがより便利になっています。使用できるパソコン環境を確認のうえ、利用しましょう。

●確定申告詳細

国税庁ホームページ　http://www.nta.go.jp/

e-Tax　http://www.e-tax.nta.go.jp/

[図表8◆1] A8.net「アフィリエイトで得た所得の確定申告について」のフローチャート

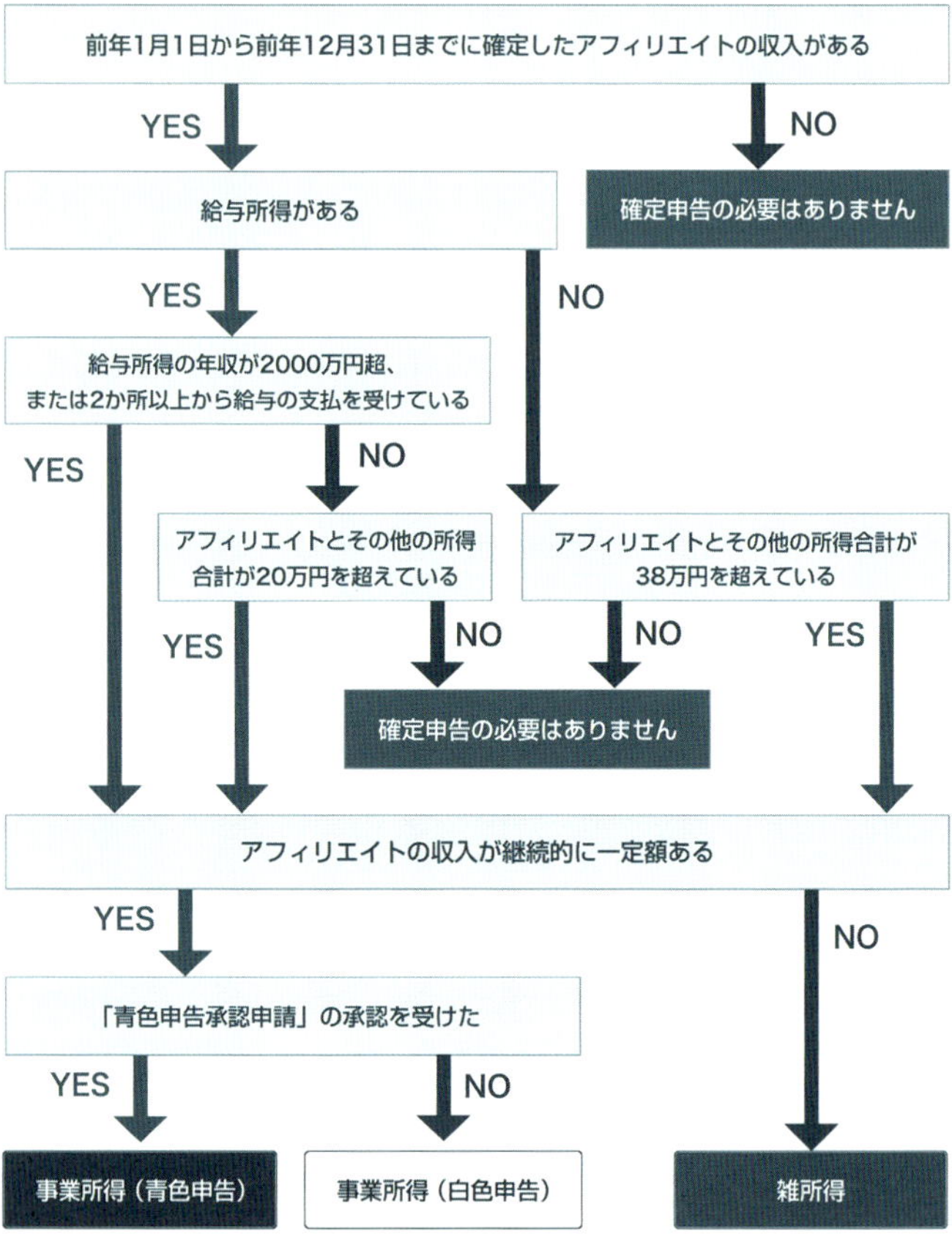

注意：このコンテンツはアフィリエイトと確定申告についてまとめたものですが、税務当局とは異なる見解となる可能性もございます。また、法令等の関係で変更になることもありますので、ガイドラインとして参考程度のご利用にとどめ、ご不明な点は税務署などにお問い合わせいただくようお願いします。

Question 69

個人事業から法人化するタイミングは、いつごろがいいですか？

［質問頻度］★★★★★

法人化するタイミングを迷う人は多いですね。私も迷いました。

アフィリエイト報酬が月10万円を超えたころから、漠然と「アフィリエイト報酬が増えてきたら、いずれは法人化するだろう」と考えていました。

いまは資本金が少なくても株式会社の設立ができますし、費用も10万～30万円程度で済みます。

私が実際に法人化したのは、月間100万円のアフィリエイト報酬が安定してきたころです。

それから報酬は大きく伸びたので、「法人化してよかった」と思っています。その理由は、自分自身の**責任感が強くなったことと、社会からの目が変わったこと**です。

ASPの広告には、法人しか提携できない案件があります。**法人というだけで、最初から見方が違うことがある**のです。

支払う税金に関しては、個人事業主か法人かで必ず**「損得」**が出てきます。

専業主婦の人なら扶養控除についても考える必要があります。しかし、**アフィリエイト**

報酬には波があります。計算で完璧に予測することは難しいでしょう。

詳しく知りたいときは、税理士に相談するのもひとつの方法です。

「法人化したい」と思っていて設立費用があるなら、あなたの好きなタイミングで検討してみてもいいと思います。

Question 70

アフィリエイトでやってはいけないこととは？

［質問頻度］
★★★★★

アフィリエイトをするうえで、気をつけなければいけないルールがあります。

法律だけでなく、各ＡＳＰが独自に利用規約で禁止していることもあります。

利用規約は必ずＡＳＰの公式サイトに記載されていますので、始める前に確認しておきましょう。

ここで紹介するのは、アフィリエイトをするうえでのルールの一部です。

❶画像や文章のコピー＆ペーストには注意【著作権法違反】

他人のサイトの画像や文章を勝手に使ってはいけません。また、書籍の文章をそのまま

アップすることもNGです（著作権法で認められている〝引用〟には、範囲や条件があります。範囲を超えて流用することはできません）。

❷商品名・会社名の無断使用はNG【商標権侵害】

広告主の許可なく、商標にあたる会社名やブランド名、商品名を使ってPPC広告（クリックされることによって課金されるタイプの広告）を出すことや、ドメインを取得することは商標権を侵害する行為となります。

❸他人を傷つけない【肖像権侵害】【名誉毀損・業務妨害】【広告素材の改変】

人物の写真にはその人の肖像権があります。

有名人が広告主と契約していて、商品のイメージキャラクターになっていたとしても掲載されている画像を勝手に使用することはできません。

また、宣伝したいがために、**他社製品が著しく劣っているように批判**するのは、名誉毀損や業務妨害にあたる可能性があります。

そして、**ASPが発行している広告タグのコードや、バナー広告の画像を勝手に改変することは、すべてのASPで禁止**しています。

❹誇大広告はダメ【医薬品医療機器等法（旧薬事法違反）】【景品表示法違反】

化粧品や健康食品・ダイエット食品の広告を掲載する場合は、**医薬品医療機器等法（旧薬事法）に注意**が必要です。

また、**大げさな表現や過大な景品や特典がつくなど虚偽の内容を掲載する**ことにより、実際には質のよくない商品やサービスを提供し、消費者が不利益を被るおそれのある表示は禁止されています。

❺不当に利益を得ようとする行為は禁止【虚偽の申し込み】【クリック報酬目当てのクリック】

資料請求など代金を支払わなくても報酬がもらえる広告があります。

これを目当てに**自分で申し込みすることは禁止**です。**家族や知人に依頼することもNG**です。自分で申し込みたい場合は、「本人申し込みOK」となっているかどうか確認しましょう。

また、広告の中には1クリック◯円など、クリックされただけで報酬が発生するものがあります。この報酬を目当てに**自分でクリックする行為はNG**です。**他人に依頼したり、「クリックしてください」と表記したりするのも禁止**です。

「アフィリエイトでやってはいけないこと」の詳細は、次に紹介するHPなどで確認しておきましょう。

●著作権情報センター「著作権って何？　はじめての著作権講座」
http://www.cric.or.jp/qa/hajime/

●総務省法令データ提供システム「著作権法」
http://law.e-gov.go.jp/htmldata/S45/S45HO048.html

●特許庁　商標制度の概要
https://www.jpo.go.jp/seido/s_shouhyou/chizai08.htm

●厚生労働省「医薬品等の広告規制について」
http://www.mhlw.go.jp/stf/seisakunitsuite/bunya/kenkou_iryou/iyakuhin/koukokukisei/index.html

●消費者庁　表示対策
http://www.caa.go.jp/representation/

●消費者庁　事例でわかる　景品表示法（PDF）
http://www.caa.go.jp/policies/policy/representation/fair_labeling/pdf/fair_labeling_160801_0001.pdf

結論

・アフィリエイト成功のカギは継続と目標設定。長期、短期、今日の目標を決めること。
・報酬の伸びに行き詰まることはあるが、月に10万円前後稼げているなら、同じ方法を繰り返すだけで壁を突破できる可能性大。作業時間がとれない人は外注を検討するのもいい。クラウドソーシングなら人を雇用するよりハードルが低い。
・個人事業から法人化は自分の思うタイミングでかまわない。詳細は税理士に相談を。
・アフィリエイトサイトの運営は、著作権や肖像権など法律に注意する。

特別付録
1

「キーワード選び」が面白いほどうまくなる！ 3つの裏ワザ集

キーワード選びは、アフィリエイトをするうえでとても重要な作業です。

ひとつの商品に対して考えられるキーワードがたくさんありすぎるため、その中から「いいキーワード」を選ぶのを苦手としている初心者は、数多くいらっしゃいます。

では、どういうキーワードが「いいキーワード」なのでしょうか？

購入や申し込みをしてもらうには、**「ユーザーの気持ち」を的確にとらえたキーワードが「いいキーワード」**です。また、**検索結果で上位表示を狙うには、ライバルが少ないキーワードを見つけるのも大切**です。

キーワード選びの裏ワザを3つ紹介します。いずれも連想ゲームのような感じです。

裏ワザ 1 言葉を言い換える

つまり、**「類義語探し」**のことです。

言い換える言葉は、名詞でも動詞でもかまいません。

たとえば**「ダイエット」の類義語**を考えてみると、**「減量」「やせる」「シェイプアップ」**などが思い浮かびます（英語のダイエットとシェイプアップは違う意味ですが、同じ意味として使っている人も多いので、ここでは類義語とします）。

たくさん思いつくのは難しくても、2～3語なら、すぐに出てくるでしょう。

そして、思いついた単語を、さらに言い換えます。

「減量するとはどういうことだろう?」と考えます。**「体脂肪を落とす」「体重を減らす」**などが、想像できます。

「やせる」についても、考えてみます。「どこをやせたいか」「どんな風にやせたいか」を想像しながら考えると、**「脚やせ」「脂肪燃焼」**などが思いつきます。

「シェイプアップ」は、英語から日本語に言い換えてみます。正確に和訳するという意味ではなく、イメージから連想します。私が考えたのは**「引き締める」「贅肉を落とす」**でした。

このように、**「最初に思いついたキーワード」から、言い換えを繰り返すことで、「別のキーワード」を見つけることができる**のです。

キーワード選びが難しいと感じている人は、直接ニッチなキーワードにたどりつこうとしているようです。まずは「ダイエット」のような、**誰もが思いつくビッグキーワー**

ドからスタートしてみましょう。

この作業に慣れてくると、すぐに**「穴場キーワード」**を見つけられるようになります。

裏ワザ 2 欲求や悩みを言葉にする

インターネットでものを探すとき、**自分の欲しい情報や商品を、的確な言葉で検索できる人ばかりではありません**。

パソコンやスマホに慣れていない人ほど、迷いながら検索していて、思わぬキーワードで検索していたりします。

これが、**「穴場キーワード」＝「いいキーワード」になる**ことがあります。**ほかのアフィリエイターが考えつかないような単語やフレーズを使っていることがある**からです。

健康食品で人気の「青汁」を例にしてみましょう。

青汁は、ネット通販でよく売れている商品で、アフィリエイト広告もたくさんあります。「青汁　通販」や「青汁　おすすめ」で上位表示できれば、多くの報酬が期待できますが、いまからアフィリエイトを始める人が、このキーワードを狙って、すぐに結果を出すのは難しいでしょう。

そこで「青汁を買ってくれる人がもっている欲求や悩み」を考えてみます。「青汁」は、どんな悩みを解決するために生まれた商品でしょうか？

「手軽に野菜不足を解消したい」「野菜をとらないといけないのはわかっているけど、野菜が嫌い」「子どもが野菜を食べない」という悩みが浮かんできます。そういった悩みを抱えている人なら、青汁を買ってくれそうです。

すると、「野菜不足」「野菜嫌い」というキーワードが思い浮かんでくるはずです。

青汁に限らず、**世の中の商品やサービスは、何らかの悩みや不満を解消するため、もっと便利にするためにつくられています**。

悩みを言葉にするには、ランディングページ（リンク先の広告主の販売ページ）を見ながら考えると、浮かびやすくなります。

また、「Ｙａｈｏｏ！知恵袋」も参考になります。

「Ｙａｈｏｏ！知恵袋」は「知りたい！　解決したい！」という欲求の宝庫ですから、たくさんのキーワードのヒントがあります。

アフィリエイト広告を見慣れてくると、具体的な商品に近いキーワードを選びがちですが、「悩みからキーワードを導く」ことで、具体的な商品名を知らない人に対して「私の欲しい商品はこれだった！」と気づかせることができます。

「欲求や悩みを言葉にする方法」は、その商品の目的や、開発された背景を考えるこ

とがコツです。

以上、キーワード探しの裏ワザを紹介しましたが、ここで注意点があります。

それは、穴場キーワードを狙おうとして、ニッチすぎる方向に行きすぎないことです。

選ぶキーワードは、「実際に人が検索する」キーワードでなければいけません。

「ビッグキーワード」を避けることばかりを考えすぎると、誰も検索しないようなキーワードを選んでしまうという失敗をしてしまうことがあります。**「検索されている言葉を選ぶ」という基本からは外れないようにしましょう**。

裏ワザ 3 具体的な商品名やサービス名がわからない場合を想定する

「欲しいけど、商品名がわからない」という経験はありませんか？

「昨日テレビで紹介されていたアレ、何だっけ？」という感じです。

そういうとき、あなたなら何と検索しますか？

私の場合は、**「番組名＋商品ジャンル」で検索します**。

たとえば、ダイソンの掃除機が紹介されていて、「ダイソン」が出てこなかった場合は、「○○○○（番組名）　掃除機」と入れます。

また、芸能人のブログで見た化粧水なら、「芸能人名　化粧水」です。ファッションジャンルで多いキーワード「○○さん着用　ワンピース」「○○さんドラマ　バッグ」もこの例です。

具体的な商品名（商標キーワード）は、多くのアフィリエイターが注目しているので、ライバルサイトが多いものです。**具体的な商品名がわからない場面を想定して探すと、ライバルの少ないキーワードを見つけることができます**。

私の健康食品のアフィリエイトサイトのアクセス解析を見ると、「ラジオ　CM　サプリ」というキーワードがありました。サイトで紹介しているサプリメントは、ラジオCMをしていました。

ざっくりしたキーワードなので、具体的な欲求は読み取れませんが、「ラジオCMで流れてたサプリ、何だっけ？」ということかもしれません。その人に「ラジオCMのサプリはこれですよ！」と紹介すれば、売れる確率は高いでしょう。

キーワード選びは、言葉のバリエーション（ボキャブラリー）を多くもつことで上達していきます。

とくに、ペラサイトのような小規模サイトで稼ぐためには、**何気ない会話の中からヒントをもらったり、テレビCMに注目したりすること**でキーワードの幅を広げることができます。

キーワードを広げるのは類義語探しのようなものです。
インターネットの中だけでなく、**書籍や街の中にもヒントはあります**。
広い視野をもって穴場キーワードを探すスキルを磨きましょう。

特別付録
2

「サイト作成」がメキメキ上達する！ 3つの小ワザ集

アフィリエイトをするうえで、私が考える「いいサイト」とは、**「わかりやすい」「共感を得られる」「リアルに感じてもらうことができる」**というものです。

そして、何より読んでもらうために、**「興味をひく」サイト**であることが大切です。

普段サイトをつくるときに私が実践している小ワザを、3つ紹介します。

小ワザ 1 「伝わりやすい文章」を書くコツ

サイト内の文章をつくるときは、**「誰でも理解できる文章」を心がけます。**

❶「中学生が理解できるレベル」が目安

難しい言葉や、専門用語はできるだけ使わず、誰が読んでも理解できるようにしましょう。専門用語が入る場合は、その直後に説明を入れます。

❷誤解なく伝わる文章

たとえば、「反対する人が少なくないわけではない」のような、**複雑な言いまわしはNG**です。

❸一文をできるだけ短く

読点（、）が一文中に、1つか2つで意味が通じるようにしていきます。句読点を入れることによって余白やリズムが生まれ、読みやすくなります。

❹あえて「ひらがな」で表記

「様々→さまざま」や「仕組み→しくみ」など、**あえて「ひらがな」で表記することによって、見た目の印象をやわらげる**ことができます。

❺「感情」を表現する

気持ちを込めた文章は、読者の共感を得やすく、興味をひきやすいものです。

リアルに自分の体験を伝えるためには、「ユーザーが使いやすいように工夫されていて、すごい！」「従来の商品にはないメリットがあり、こういう商品を待ち望んでいた人は多いはず！」など、**商品に対してどう感じているか、気持ちをストレートに表現する**ことが大切です。

アフィリエイトサイトは、**商品スペックなどのデータを書いてしまいがち**ですが、それを読んでいても読者は楽しくありません。商品の詳細は、公式サイトを見ればわかることです。

❻「オノマトペ」を使う

オノマトペはフランス語で、「ドキドキ」「ガンガン」などの擬音語、「ぷるぷる」「ふわふわ」などの擬態語、「ワーワー」「ざわざわ」などの擬声語の総称です。

漫画では、静かな場面では「シーン」、騒がしい場面では「ガヤガヤ」など、オノマトペが入ることで、状況がよくわかります。視覚情報だけなのに、実際に自分がその世界にいるような感覚になります。

アフィリエイトサイトでオノマトペを使う場合、使った商品を紹介するレビューサイトから始めるといいでしょう。

形や大きさはどうなのか？　もった感じは？　使い心地は？　自分が体験した感覚ですから、オノマトペで表現しやすいでしょう。

オノマトペを使えば、読者のほうが実際に使ったかのような感覚に訴えることができます。

また、**単語の見た目もインパクトがありますから、読者の興味をひくのにも一役買ってくれます**。

このようにメリットの多いオノマトペですが、**多用しすぎると内容が軽く、稚拙な印象にもなる**ので、気をつけてください。

これらを踏まえて、伝わりやすい文章づくりを心がけましょう。

小ワザ 2

「読んでもらえる文章」を書くコツ

訪問者に購入や申し込みをしてもらうには、**その人たちの共感を得て、商品への期待度を上げることがコツ**です。**それには「読者の心を動かす」ことが必要**です。

そこで、**「サイトの文章を物語調にする」という小ワザ**を使います。

物語といっても、小説を書くわけではありません。文章は、「誰が」「いつ」を入れるだけでも、物語調になります。「どんな場面で」を入れると立派なストーリーになります。「私はいま、ダイエットに悩んでいます。高校3年生のころから、太り出しました」いかがでしょうか？　さらに肉付けしてみましょう。

「私はいま23歳で、ダイエットに失敗ばかりして悩んでいます。昔は『太りたい』と思うくらいやせていたのに、部活をやめた高校3年生のころから、急に太り出しました」

なんだか物語っぽくなっていませんか？

ネット上の文章は、そのほとんどが流し読みされているといいます。

流し読みされては、人の心を動かすことはできませんね。内容を伝え、**心を動かすには、文章をきちんと読んでもらう必要があります**。

読者が読みはじめる導入部分を物語調で始めれば、読者をひきつけることができます。

なぜなら、**人は他人の体験談にとても興味をもちやすい**からです。それが自分の未経験のことならなおさら、**あとに続く商品紹介を読んでもらいやすくなります**。

いきなり物語調にするのが難しければ、**自分の失敗談**を書くのもいいでしょう。

人間は「失敗したくない、損をしたくない」という気持ちが強いので、**他人の失敗談は興味津々で読んでくれる可能性が高い**からです。

単純に文章を書いただけでは、読んではもらえません。

「読者は、読みたいものだけ、興味のあるものだけを読む」ということをつねに意識して文章をつくると、読まれる文章に近づいていきます。

小ワザ 3

サイトを印象づける「写真の上手な撮り方」

次に、サイトに掲載する写真の上手な撮り方ですが、これも、プロカメラマンのような技術はまったく必要ありません。カメラもスマートフォンのカメラで十分です。

アフィリエイトサイトの写真は、**「イメージを伝える」「商品の詳細を伝える」**という目的で使います。

❶イメージを伝える写真

サイトの上部やトップページにインパクトをもたせたり、段落の変わり目に区切りをつけたりする目的で使用する写真です。

文字だけのサイトでも、内容がしっかりしていれば読んでもらえるのですが、**写真があるほうが、読みやすく印象にも残ります**。

私は**日常の風景をスマホで撮影してストックしておき、それをイメージ写真としてサイトに使ったりしています**。自然の風景や街角の雑踏など、「いいな」と感じたものを撮りためておくのです。

風景などのイメージ写真は、フリー素材がたくさんありますが、フリー素材はほかのアフィリエイターも利用しています。**自分で撮影したオリジナル写真**のほうがいいでしょう。

私がサイトの写真で重視しているのは「オリジナリティ」です。

なぜなら、**検索エンジンで、上位表示するために評価されるひとつの要素が「オリジナリティ」だから**です。また、ユーザーもあちこちで多く目にしている写真より、**見たことがない写真のほうが注目しやすい**と考えられます。

人物の入った野外の写真などを使用するときには、**個人情報に配慮し、人物が特定できるような画像を使わないようにしましょう**(もちろん、本人の許可を得ている場合は問題ありません)。

❷商品の詳細を伝える写真

レビューサイトで使う写真については、実物の商品を撮影するのですが、こちらもスマートフォンをメインで使用しています。

撮影のポイントは**「読者が、実際に購入して使っている様子を疑似体験できるような撮り方を意識すること」**です。

健康食品なら、実際にお皿に盛り付けたり、コップに入れたりして撮影します。

また、手でもっている状態は必ず撮影します。女性向けの商品なら女性が、男性向けの商品なら男性がもって撮影します。そのほうが、よりリアルに使用体験をイメージできるからです。

商品のレビュー写真は、公式サイトの商品画像のように美しくある必要はありません。**商品が印象よく見える写真より、親近感のある写真のほうが効果的**なのです。

商品のサイズ、色、質感が伝わるように工夫して、複数カット撮影します。**どこの家にもある小物と組み合わせると、商品の大きさがよくわかります**。

500ミリリットルのペットボトルと比較したり、小さいものなら、リップクリームやライター、綿棒、硬貨などと比較したりして撮影します。一般的なものと一緒に撮影することで、数字でサイズを記載するより、わかりやすくなります。

スマートフォンのカメラの性能がよくなり、誰でも比較的簡単にきれいな写真が撮れるようになりました。**アフィリエイトサイト用の写真は、ピントがあっていて、商品が明るくはっきり見えていれば、それ以上の技術はなくても大丈夫**です。

商品を室内で撮影するときは、蛍光灯の下より、窓辺の自然光（太陽の光）がおすすめです。蛍光灯の光だと影が濃くなり、商品が暗くなってしまうからです。**自然光で撮影するほうが、明るく現物に近い写真が撮影できます**。ただし、逆光にならないように気をつけましょう。

特別付録
3

「無料で参加できるイベント・勉強会」をどんどん活用しよう！

アフィリエイトを始めると、いろいろな疑問や壁に当たることもあるでしょう。そのようなときに**相談できるアフィリエイター仲間がいると、心強い**のではないでしょうか。

現在、アフィリエイトに役立つ無料のイベントや勉強会が全国各地で開催されています。そういった場所に足を運ぶことによって、**さまざまなメリット**を得ることができます。

★ASP主催のイベント

無料で参加できるイベントやセミナーの代表的な例として、ASPが主催するものがあります。

なかでも**最大規模のイベントは、「A8.net」が毎年開催している「A8フェスティバル」**です。

2016年の東京・渋谷の参加者は2000人以上と、全国からたくさんのアフィリエイターが集まりました。現在は東京だけでなく、大阪や福岡でも開催されるようになりました（「A8フェスティバル」に参加するには、「A8.net」への登録が必要です）。

「A8フェスティバル」は、直接広告主に話を聞けたり、商品のサンプルが配布されたりすることもあり、初心者にとってはとても勉強になるイベントです。

広告主との交流以外にも、アフィリエイトを始めたばかりの人にも、おすすめのイベントです。

有名アフィリエイターが講師をつとめる限定セミナーなどがあるので、整理券が配られるほどです。

「A8フェスティバル」は全国からアフィリエイターが集まるので、日頃SNSだけで交流しているアフィリエイターと、会って話せる貴重な機会でもあります。

「A8.net」以外のASPでも、イベントを開催しています。

「VALUE COMMERCE（バリューコマース）」では、毎月セミナーやイベントがあります。セミナーは基本的に参加無料で、初級・中級などレベル別や、広告主別の勉強会があります。

ASPが企画するセミナーは、そこでしか聞けない貴重な情報が満載です。

各ASPのイベントやセミナーの情報は、管理画面やメルマガで知ることができます。最新情報をチェックして、役立てましょう。

セミナーに参加するメリットは、商品を詳しく知ることや、キーワードのヒントがもらえるだけではありません。**参加しているアフィリエイター同士交流できる**メリットがあります。

アフィリエイトを始めたばかりの人は、ぜひ積極的に参加してみてください。

★個人主催の勉強会

ＡＳＰが開催するセミナー以外にも、アフィリエイトの勉強会があります。

ツイッターやフェイスブックなどＳＮＳで調べてみると、アフィリエイター同士、頻繁に交流しているのがわかります。

ＳＮＳをチェックしていると、ときどき、個人が企画する勉強会やセミナーがあります。

セミナールームの使用料や懇親会費用はかかりますが、**交流と情報交換という意味では、とても濃い話が聞ける**でしょう。

私は、アフィリエイター仲間が企画してくれる勉強会に参加しています。

開催は3カ月に1回程度で、気の合う仲間が集まっています。**近況報告や、売れている広告、サイトを公開しての意見交換など、とても勉強になる時間**です。

アフィリエイトはひとりで始める人が多いですが、**外に出て行って仲間をつくると、世界が広がります**。

始めたばかりのころは、遠慮してしまうかもしれませんが、行動することでチャンスが広がります。勇気を出してみてくださいね。

●A8ネットイベント情報
https://www.a8.net/event.html
●バリューコマースイベント情報
https://www.valuecommerce.ne.jp/seminar/

おわりに

本書を手にとってくださり、本当にありがとうございます。

本書は「アフィリエイトって何だろう？　やってみたいけど、まったくわからない」という人に向けて、**できるだけわかりやすく疑問に答えること**を心がけました。

私も、ホームページもつくれない素人からのスタートでした。

少しずつ報酬が増えていった中で、日々思っていた不安、いまも大事だと思っていること、いまの自分が昔の自分にアドバイスしたいことを考えながら書きました。

最初に本を書くというお話があった際に、私がアフィリエイトについて書いてもいいものか、とても悩みました。

私には特別な資格もなく、有名でもありません。難しいウェブの知識もありません。同級生のほぼ全員が浪人を含め大学へ進学する中、ひとり専門学校を選んだという学歴コンプレックスもあります（その道を選んだのは自分ですが）。

そんな私がアフィリエイトで徐々に稼げるようになり、小さな会社をつくりました。そして、アドバイスした人の中から、「今月◯万円超えました！」とうれしい報告をもらう機会が増えてきました。

「私だからこそ、これから始める人の気持ちに寄り添う一冊が書けるのではないか」と思って生まれたのが本書です。

この「おわりに」を書いている今日、アフィリエイト仲間の久美ちゃんから、「100万円超えました！」と連絡をもらいました。

彼女はときどき私の家に来て一緒に作業をしています。

私のブログを見て、たまたま家が近所だった彼女に会ったその日に「弟子にしてください！」といわれたときは、その場で断りました。まだ、人に教えられるほどオリジナルの手法を見つけていなかったからです。

しかし、ひょんなことから一緒に作業をすることになり、彼女が苦手なキーワード選びをアドバイスしたり、完成したサイトをチェックしたりするようになりました。

キーワードは重要ですが、大部分は彼女の努力の結果です。

アフィリエイトは正解さえわかれば、自分の努力で道がパーっと開けます。これは体験した人間でないとわかりません。

インターネットの世界は日々変化しています。効率的に稼ぐノウハウは、時とともに変わるでしょう。ノウハウは通用しなくなれば、そこで終わってしまいます。

そういう意味では、**ノウハウよりも考え方が重要だと思います**。アフィリエイトで成功するための根本は変わりません。

あなたの夢の実現のために、本書が少しでも役立てばとてもうれしく思います。とくに、働きたくても外で働けない事情を抱えている人には、アフィリエイトで幸せになってもらいたいと思います。

最後になりましたが、本を書くという夢の実現へチャンスをくれた藤井一郎先輩、編集者として支えてくださった東洋経済新報社の中里有吾さん、田中順子さん、ご協力いただいた株式会社ファンコミュニケーションズのみなさまに感謝申し上げます。

また、丸山塾の塾長、丸山広樹さんと奥さま、塾生の仲間、懇親会やセミナーでお会いしたみなさま、初心者のころからアドバイスをくれたASPの方、みなさまとの出会いがなければ、いまの私はありません。本当にありがとうございます。

そして、読者のみなさま。数ある本の中から、本書を手にとってくださったこと、厚く御礼申し上げます。最後まで読んでいただき、本当にありがとうございました。

2017年9月

川端美帆

読者限定特典

著者・川端美帆が直接お答えします
今日からあなたも稼げるアフィリエイターになれる！

「キーワード選定 無料診断」

アフィリエイトで稼げるようになるには、キーワード選定能力が重要です。

稼げるキーワードを見つけられるようになると、報酬がグン！ と伸びていきます。

他のスキルが不足していても、キーワード選定がうまくなれば、それだけで稼いでいくことも可能です。

とくにペラサイトアフィリエイトでは、作業を繰り返し、稼げるキーワードをみつけることが最大の肝になります。

しかし、初心者がアフィリエイトを独学で始める場合、相談できるところがありません。多くの方が孤独な作業に疲れ、稼げる経験をしないまま挫折してしまいます。

そこで、本書を手にとってくださったあなたがキーワード選定に迷ったとき「このキーワードっていいのかな？」「AとBのキーワードで迷っているけど、どちらのほうがいい？」という疑問にお答えする「無料診断」を特典としておつけします。

URL：http://アフィリエイト稼ぐ.biz/books/tokuten.html
パスワード：momotaro
（期限：2020年12月31日まで）

〈注意事項〉
・お返事は1週間以内にさしあげるよう努力いたしますが、状況によりそれ以上かかる場合があります。返信が来ない場合は、迷惑メールボックスを確認の上、お手数ですが再度ご連絡ください。
・あなたが選んだキーワードに対してコメントする形です。「どういうキーワードがいいか？」という質問ではなく、まず自分でキーワードをみつけてください。
・質問はキーワード選定のみに限定します。
・お一人につき初回のご診断スタートから3カ月間のみ、広告3つまでとさせていただきます。
※著者による診断窓口であり、東洋経済新報社は一切関係ありません。

【著者紹介】

川端美帆（かわばた　みほ）

月間100万円以上を稼ぎ続ける女性アフィリエイター。株式会社クリックリンク代表取締役。

1976年兵庫県生まれ、岡山県在住。

会社員の傍ら、「アフィリ笹木」として副業で携帯アフィリエイトを始める。

ホームページ制作はまったくの未経験ながら、携帯アフィリエイトで月収30万円以上を稼ぎ出し、専業アフィリエイターとして独立。

安定して稼ぎ続けるためにはPCアフィリエイトのスキルが必要と感じ、PCアフィリエイトに参入。始めて1年半で100万円以上を稼ぐようになり、法人化する。

「キーワード選定」には定評があり、相談が多く寄せられる。実際に、アドバイスによって報酬をのばしたアフィリエイターが多数あらわれている。

2015年には不動産投資家としてデビュー。

http:// 不動産経営岡山.com/

趣味は着物。趣味と実益を兼ねて、着物ブログも更新中。

http://着物普段着.com/

アフィリエイトで稼ぐ1年目の教科書
これから始める人が必ず知りたい70の疑問と答え

2017年11月2日　第1刷発行
2018年 8 月23日　第3刷発行

著　者――川端美帆
発行者――駒橋憲一
発行所――東洋経済新報社
〒103-8345　東京都中央区日本橋本石町 1-2-1
電話＝東洋経済コールセンター 03(5605)7021
https://toyokeizai.net/

装　丁…………上田宏志〔ゼブラ〕
D T P…………アイランドコレクション
カバーイラスト…伊藤美樹
編集協力………田中順子
編集アシスタント…鈴木　充／加藤義廣
印　刷…………ベクトル印刷
製　本…………ナショナル製本
編集担当………中里有吾
　Printed in Japan　ISBN 978-4-492-58111-7